新时代智库出版的领跑者

国家智库报告 2023（28）
National Think Tank
国际问题研究

"一带一路"倡议下的中国与中东欧国家合作模式

孔田平　马骏驰　鞠维伟　著

COOPERATION MODEL BETWEEN CHINA AND CENTRAL AND EASTERN EUROPEAN COUNTRIES UNDER THE BELT AND ROAD INITIATIVE

中国社会科学出版社

图书在版编目(CIP)数据

"一带一路"倡议下的中国与中东欧国家合作模式 / 孔田平, 马骏驰, 鞠维伟著. —北京：中国社会科学出版社, 2023.8
（国家智库报告）
ISBN 978-7-5227-2137-8

Ⅰ.①— …　Ⅱ.①孔…②马…③鞠…　Ⅲ.①"一带一路"—国际合作—研究—中国、欧洲　Ⅳ.①F125.55

中国国家版本馆 CIP 数据核字（2023）第 128681 号

出 版 人	赵剑英
责任编辑	郭曼曼
责任校对	冯英爽
责任印制	李寡寡

出　　版	中国社会科学出版社
社　　址	北京鼓楼西大街甲 158 号
邮　　编	100720
网　　址	http://www.csspw.cn
发 行 部	010-84083685
门 市 部	010-84029450
经　　销	新华书店及其他书店
印刷装订	北京君升印刷有限公司
版　　次	2023 年 8 月第 1 版
印　　次	2023 年 8 月第 1 次印刷
开　　本	787×1092　1/16
印　　张	14
插　　页	2
字　　数	182 千字
定　　价	79.00 元

凡购买中国社会科学出版社图书，如有质量问题请与本社营销中心联系调换
电话：010-84083683
版权所有　侵权必究

摘要： 中国—中东欧国家合作是中国在百年未有之大变局下，为践行新时代中国外交战略而创立的新举措，具有鲜明的时代特征和中国特色。本书结合当前的国际政治经济环境，基于中东欧国家对中国—中东欧国家合作及其模式的认知，深入研究了中国与中欧、东南欧和波罗的海三个次区域的合作特点，并借鉴欧盟大区域政策的经验，综合分析并研判了大变局下中国—中东欧国家合作模式。本书认为，中国—中东欧国家合作模式是一种由中方推动的、多边跨区域的、非紧密型新型合作模式，既有普遍性也有特殊性。未来，中国应继续秉承平等协商原则，发挥重点国家的带动作用，鼓励多层次、各领域积极参与，同时也应紧密关注国际地缘政治风险、把握不同次区域的特性与合作需求，根据新的形势重新评估中国与中东欧国家有潜力的合作领域。

关键词： 中国—中东欧国家合作；"一带一路"倡议；次区域合作

Abstract: The cooperation between China and Central and Eastern European countries is a new measure to practice China's diplomatic strategy in the new era under the momentous changes unseen in a century. It has distinct characteristics of the current era and Chinese characteristics. Based on the specific cognition of China-Central and Eastern European countries on China-Central and Eastern European countries cooperation and its models, this book combines the current international political and economic environment, conducts an in-depth study of the specific characteristics of cooperation between China and the three sub-regions of Central and Eastern Europe, Southeast Europe and the Baltics. This book also draws on the experience of the European Union's Macro-regional policy, and comprehensively analyzes the cooperation mode between China and Central and Eastern European countries. In the end, this book proposes that the China-CEEC cooperation model is a new type of open, multilateral, and cross-regional cooperation model. In the future, China should continue to uphold the principle of equal consultation, give play to the leading role of key countries, and encourage participation at multiple levels and in various fields. At the same time, it should pay close attention to international geopolitical risks, grasp the characteristics and cooperation needs of different sub-regions, and constantly reassess the potential areas of cooperation between China and Central and Eastern European countries under the changing environment.

Keywords: Cooperation between China and Central and Eastern European Countries; The Belt and Road Initiative; Sub-region Cooperation

目　录

前　言 …………………………………………………………（1）

一　"一带一路"倡议：缘起与挑战 ……………………………（1）
 （一）"一带一路"倡议的起源 ………………………………（3）
 （二）围绕丝绸之路的国际博弈 ………………………………（7）
 （三）"一带一路"倡议提出初期的国际反应 ………………（11）
 （四）国际秩序变局与"一带一路"倡议 ……………………（16）
 （五）"一带一路"倡议面临的主要挑战 ……………………（21）

二　"一带一路"倡议与中国—中东欧国家合作 ………………（27）
 （一）中东欧国家在"一带一路"倡议中的地位 ……………（27）
 （二）"一带一路"倡议与中国—中东欧国家
   合作机制 ……………………………………………………（29）
 （三）中国—中东欧国家合作机制的形成 ……………………（31）
 （四）中国—中东欧国家合作机制的基本特征 ………………（35）
 （五）对中国—中东欧国家合作模式的顶层设计
   与已有研究 …………………………………………………（43）

三　中国与波罗的海国家的合作及其特点 ………………………（54）
 （一）波罗的海国家的特性 ……………………………………（54）

（二）波罗的海国家的合作需求与利益关切 ………………（61）
（三）对中国与波罗的海国家合作的思考 ………………（72）

四 中国与中欧国家的合作及其特点 ………………（79）
（一）中欧国家的特性 ………………（79）
（二）中欧国家的合作需求与利益关切 ………………（82）
（三）维谢格拉德集团及其合作模式初探 ………………（96）
（四）对中国与中欧国家合作的思考 ………………（99）

五 中国与东南欧国家的合作及其特点 ………………（102）
（一）东南欧国家的特性 ………………（102）
（二）中国与东南欧国家贸易现状及挑战 ………………（107）
（三）中国与东南欧国家投资现状及挑战 ………………（117）
（四）中国与东南欧国家贸易和投资合作前景 ………（136）
（五）对中国与东南欧国家合作的思考 ………………（145）

六 欧盟大区域战略合作模式及其特点 ………………（151）
（一）欧盟多瑙河区域战略 ………………（152）
（二）欧盟波罗的海区域战略 ………………（162）
（三）欧盟两大区域战略的合作模式特点及困境 ………（166）

七 大变局下中国—中东欧国家合作模式探讨 ………（170）
（一）中国—中东欧国家合作模式的普遍性 ………………（171）
（二）中国—中东欧国家合作模式的独特性 ………………（173）
（三）欧盟大区域战略合作的启示 ………………（175）
（四）国际变局对中东欧国家对华政策的
影响及应对 ………………（180）

（五）在中国—中东欧国家合作机制下与三大次
　　　区域合作的建议 ………………………………………（187）
（六）完善中国与中东欧国家合作模式的建议 …………（193）

主要参考文献 ……………………………………………（196）

前　　言

对中东欧国家可以有各式各样的分类。中东欧国家既包括传统的东欧国家，例如，阿尔巴尼亚、罗马尼亚、保加利亚、匈牙利和波兰，又包括联邦国家解体后的新独立国家如捷克、斯洛伐克、斯洛文尼亚、克罗地亚、北马其顿、波黑、黑山、塞尔维亚、爱沙尼亚、拉脱维亚和立陶宛。中东欧国家亦可分为中欧国家、东南欧国家和波罗的海国家，波兰、匈牙利、捷克、斯洛伐克和斯洛文尼亚为中欧国家，罗马尼亚、保加利亚、克罗地亚、塞尔维亚、黑山、马其顿、波黑和阿尔巴尼亚为东南欧国家，爱沙尼亚、拉脱维亚和立陶宛为波罗的海国家。[①] 2019年加入中国—中东欧国家合作机制的希腊并非传统意义上的中东欧国家。传统意义上的中东欧国家共有16国，包括波兰、匈牙利、捷克、斯洛伐克、斯洛文尼亚、爱沙尼亚、拉脱维亚、立陶宛、保加利亚、罗马尼亚、克罗地亚、马其顿、波黑、黑山、塞尔维亚和阿尔巴尼亚。尽管科索沃地区2008年单方面宣布独立，已获得100多个联合国成员国承认，但尚未获得中国承认，因此不能列为国家。

（一）中东欧国家的同质性与异质性

中东欧国家具有一定的同质性。这些同质性对中东欧国家

[①] 斯洛文尼亚有时也被视为东南欧国家。

特性的界定颇有帮助。中东欧国家具有共同的社会主义历史遗产，在第二次世界大战后均建立了社会主义制度，社会主义的历史性试验持续近45年；中东欧国家在1989年之后均经历了政治和经济制度的转型，在政治上建立多党议会民主制，在经济上建立市场经济；中东欧国家均加入了经济全球化浪潮，成为新兴市场的重要组成部分；绝大多数中东欧国家外交政策的重点为加入欧盟和北约，其地缘政治走向非常明确。

中东欧地区并非完全同质化的地区，而是差异非常大的地区。中东欧国家的面积和人口规模存在很大差异，最大的国家波兰人口约3800万人，最小的国家黑山人口仅有60余万人。从2020年国内生产总值看，波兰最高，为5941亿美元，黑山最低，为47亿美元。中东欧国家的经济发展水平差异很大，中欧国家的人均国内生产总值高于西巴尔干国家。中东欧国家内人均国内生产总值最高的国家为斯洛文尼亚，2020年为25179美元，人均国内生产总值最低的国家为阿尔巴尼亚，2020年为5215美元。从文明角度看，中东欧地区为跨文明地区，中欧国家受天主教和新教影响，而东南欧地区则受东正教和伊斯兰教的影响。从制度转型的进展看，中欧国家和波罗的海国家明显领先于东南欧国家。从与欧洲大西洋联盟的融合度看，中欧和波罗的海国家已经完全融入欧洲大西洋体系，西巴尔干国家融入欧洲大西洋联盟的任务尚未完成。中东欧16国的国家属性也不尽相同。中东欧国家既有欧盟成员国，又有非欧盟成员国。波兰、匈牙利、捷克、斯洛伐克、斯洛文尼亚、罗马尼亚、保加利亚、克罗地亚和波罗的海国家为欧盟成员国，其余国家为非欧盟成员国。非欧盟成员国与欧盟建立了层次不同的制度联系。在欧洲一体化的背景下，欧洲发达国家通过贸易和投资扩大了对中东欧的经济影响。阿尔巴尼亚+南斯拉夫继承国—斯洛文尼亚被欧盟称为西巴尔干国家，2013年7月1日克罗地亚正式加入欧盟，成为第一个完成入盟进程的西巴尔干国家。在

11个已入盟的中东欧国家中，斯洛文尼亚（2007年1月）、斯洛伐克（2009年1月）、爱沙尼亚（2011年1月）、拉脱维亚（2014年1月）、立陶宛（2015年1月）和克罗地亚（2023年1月）为欧元区成员国，其余国家为非欧元区成员国。欧盟新成员国中的波兰、匈牙利、捷克、斯洛伐克、斯洛文尼亚、爱沙尼亚、拉脱维亚、立陶宛和克罗地亚已加入申根区，罗马尼亚和保加利亚尚未加入。迄今为止，已经加入经济合作与发展组织的中东欧国家有捷克（1995年12月）、匈牙利（1996年5月）、波兰（1996年11月）、斯洛伐克（2000年12月）、斯洛文尼亚（2010年7月）和爱沙尼亚（2010年12月）。中东欧国家既有北约成员国，又有非北约成员国。波兰、匈牙利、捷克、爱沙尼亚、拉脱维亚、立陶宛、斯洛伐克、斯洛文尼亚、保加利亚、罗马尼亚、克罗地亚、阿尔巴尼亚、黑山、北马其顿14国为北约成员国，塞尔维亚和波黑为非北约成员国。

中东欧国家历史上曾受不同帝国的统治，多数中东欧国家为帝国解体的产物。西巴尔干国家、罗马尼亚和保加利亚曾长期受奥斯曼土耳其帝国统治，其现代国家的建立是奥斯曼帝国衰落或解体的产物。波兰曾被哈布斯堡王朝、普鲁士王国和沙皇俄国所瓜分。中欧国家曾受奥匈帝国的统治。波罗的海国家历史上曾为沙皇俄国的组成部分。在社会主义时期，东欧国家除南斯拉夫和阿尔巴尼亚之外，都属于苏联的势力范围。与西欧国家相比，中东欧国家民族国家形成的历史较短。当今的许多中东欧国家是冷战结束后联邦国家解体的产物。无论是民族构建抑或国家构建的历史并不悠远。

中东欧国家目前受美欧的影响较大。冷战后绝大多数中东欧国家的战略选择是加入北约和欧盟。目前中东欧国家经济受到不同欧洲国家的影响，如波罗的海国家经济受北欧影响较大。中欧国家经济受德国影响较大，是德国经济圈的重要组成部分。西巴尔干国家经济受奥地利、意大利、希腊等国的影响较大。

（二）对中东欧地区局势的总体判断

中东欧国家多党议会民主制已经确立，能够以和平方式实现权力转移，西方式民主制度得到巩固。中东欧国家总体保持政治稳定，但是中东欧国家尚未形成稳定的政党制度，政党的分化组合尚在继续。由于国内政治生态的变化，中东欧国家的政治转型也可能发生有限的逆转，出现以民主方式行集权之实，以合法方式破坏法治的独特现象。由于欧盟作为外部约束的存在，政治转型的逆转是有限的。又因为个别国家经济社会问题的恶化，不排除出现政治危机的可能性。政治危机通过非宪法方式解决的可能性微乎其微。一些中东欧国家的腐败较为严重，特别是在东南欧国家，腐败已经成为一种难以根除的政治文化。

中东欧国家彻底摒弃了运行不良的中央计划经济，建立了市场经济体制。与发达国家相比，中东欧国家距离成熟的市场经济尚有一定距离。中东欧国家经济转型时间仅有30余年，市场经济体制尚不健全，企业家阶层尚在成长阶段。中东欧国家在社会领域如教育、医疗和养老等改革尚未完成，未来转型的任务仍相当艰巨。2004年加入欧盟的中东欧国家赶超步伐明显加快。2008年国际金融危机爆发后一些中东欧国家遭到严重冲击，一些国家如匈牙利等国不得不接受国际货币基金组织和欧盟的救助。欧洲债务危机导致需求下降，直接影响中东欧国家的出口部门，导致经济增长放缓。从中东欧国家经济的基本面看，后危机时代中东欧国家的经济增长潜力将好于欧盟老成员国。2020年的新冠疫情对中东欧国家打击颇大，自摆脱转轨衰退后经济保持持续增长的波兰首次出现经济衰退。消除新冠疫情带来的经济影响成为中东欧国家经济政策面临的重大挑战。

2022年2月爆发的俄乌冲突成为中东欧国家转轨以来面临的最重大的地缘政治冲击。

中东欧国家所处的地缘政治格局基本稳定。剧变后中东欧国家的外交政策重点是加入欧盟与北约。中东欧国家的加"盟"入"约"意味着雅尔塔体系的彻底终结,中东欧国家从苏联的势力范围成为美欧的势力范围,从而结束了冷战后中东欧出现的战略真空期。中东欧国家面临着"双重依赖":一方面中东欧国家在安全上依赖美国主导的北约,另一方面在经济上依赖欧盟。在一定程度上,中东欧国家的加"盟"入"约"意味着内政外交自主性的下降,在涉及重大战略问题的外交布局上中东欧国家的利益不得不服从于美欧的利益。美欧之间的矛盾不可避免地在欧盟和北约的新成员国之间有所反映,中东欧国家有时不得不面临"一仆二主"的尴尬局面,不得不做出痛苦的抉择。2003年伊拉克战争期间中东欧国家坚定地站在了美国一边,这使法国和德国感到不快。尽管美国的战略再平衡使得美国对中东欧的关注下降,一些中东欧国家出现安全焦虑,但是美国仍是欧洲安全的主导者,并试图消除中东欧国家的疑虑。2013年年底乌克兰危机爆发后,特别是克里米亚归属发生重大变化后,中东欧地区部分国家对本国的安全问题"忧心忡忡"[1],例如,波兰、波罗的海三国和罗马尼亚、保加利亚的安全焦虑增加,纷纷呼吁北约增加军事存在。北约对此进行积极回应,并增加了上述国家的军事存在。中东欧的北约东翼国家成为欧洲应对危机的前沿阵地。欧债危机后,新成员国对欧盟的态度不尽相同,波兰一度成为最亲欧洲的新成员国,捷克则拒绝签署欧盟财政公

---

[1] 朱晓中:《美国的中东欧布局怎样影响美俄关系》,2016年7月3日,中国社会科学网,http://euroasia.cssn.cn/cbw/cbw_wzsf/201611/t20161108_3269399.shtml。

约。最近几年匈牙利和波兰由于内部政局的变化，与欧盟的关系出现紧张。欧洲难民危机进一步加剧了中东欧欧盟成员国与欧盟的分歧。欧洲债务危机影响到一些中东欧欧盟新成员国加入欧元区的时间表，对于西巴尔干国家的入盟意愿没有实质性影响。随着中东欧国家相继成为北约和欧盟成员国，这些国家面临着适应北约和欧盟的制度和承担成员国义务的新任务。此外中东欧国家加入北约和欧盟后，北约和欧盟的边界向东推进，发展与俄罗斯的关系就显得十分重要。波兰希望在发展与俄罗斯的关系上发挥建设性作用，形成欧盟的"新东方政策"。2022年俄乌冲突爆发后，波兰成为反俄挺乌的急先锋。从中东欧国家对外政策的优先顺序看，欧盟和北约仍是其对外关系的优先重点。

中东欧国家在转型和欧洲化的进展并不平衡，这一趋势在未来不可能发生根本改变。中欧国家和波罗的海国家的表现优于东南欧国家。西巴尔干国家由于内部复杂的政治生态（民族主义政治）和民族敌对历史遗产，转型和欧洲化将是一个漫长的进程。马其顿国名问题通过谈判最终得到解决，北马其顿共和国成为希腊接受的新国名。保加利亚对北马其顿历史和身份的异议一度成为欧盟启动与北马其顿入盟谈判的阻碍因素。波黑政治的重构、科索沃地区地位的最终解决均需要时间，西巴尔干国家融入欧洲的任务仍十分艰巨。中东欧国家尽管发展趋势相同，但是在转型与欧洲化进程中的不平衡将长期存在。

（三）研究背景

2012年4月，首次中国—中东欧国家领导人会晤在华沙举行，开启了中国与中东欧国家合作的新阶段，中国—中东欧国家合作机制正式形成。该合作机制为中国与中东欧关系的发展注入了新的活力，增进了中国与中东欧国家的关系，扩展了中欧合作的内涵，丰富了中国对外关系的理论和实践，是中国与中东欧国家关系发展历史上的制度创新。2013年中国提出了"一带一路"倡议后，中国—中东欧国家合作被赋予了新使命。中方主张将这一机制打造成"一带一路"倡议融入欧洲经济圈的重要"接口"、中欧四大伙伴关系落地的优先区域和中欧合作新增长极。[1] 中东欧国家对"一带一路"倡议下的中国与中东欧国家合作寄予较高期望。2019年7月，时任中国国务委员兼外交部部长王毅访问匈牙利，他表示中方愿同中东欧朋友一道，共同将中国—中东欧国家合作打造成跨越不同地域、倡导合作共赢、维护多边主义、应对共同挑战的地区合作典范。[2]

2012年后，国内学者对中国与中东欧国家合作关注升温。有学者从国际关系的角度来看，有学者对中国与中东欧国家关系的问题进行梳理，并提出政策建议。[3] 有学者认为，中国对中东欧政策采取了"欧洲视角"与"中东欧地区方式"相结合的方式，即在推进与中东欧务实合作时，中国应局部修正中国和中东欧合作机制的不对称性问题，细致挖掘同中东欧某些国家的合作潜力。同时注意欧盟的核心关切并重视软实力的推广。[4] 随着中国"一带一路"倡议的提出与实施，国内学者也开始对

---

[1]《专访：中东欧国家是"一带一路"建设的重要伙伴——访中国驻保加利亚大使张海舟》，2018年7月5日，中国政府网，http://www.gov.cn/xinwen/2018-07/05/content_5303590.htm。

[2]《王毅：将中国—中东欧国家合作打造成跨区域合作典范》，2019年7月13日，中国政府网，http://www.gov.cn/guowuyuan/2019-07/13/content_5408845.htm。

[3] 朱晓中：《中国—中东欧国家关系中需要注意的问题和几点建议》，《国家智库》2015年第21期。

[4] 刘作奎：《中国与中东欧合作：问题与对策》，《国际问题研究》2013年第5期。

中国—中东欧国家合作与"一带一路"倡议的关系进行研究。有学者认为,中国—中东欧国家合作是"一带一路"倡议下重要的区域合作框架,因应了"一带一路"倡议的市场需求,是推进欧亚大陆互联互通的重要制度保障,有助于中欧建立发展全面战略伙伴关系,还有助于"一带一路"建设在中东欧区域形成良性的互动效应。① 有学者认为应运用丝绸之路经济带发展与中东欧国家的关系。②

国外学者从不同角度关注中国—中东欧国家合作和"一带一路"倡议。塞尔维亚国际政治和经济研究所曾连续两年主办"一带一路"倡议国际会议,并出版会议论文集。波兰学者认为,波兰在中国—中东欧国家合作以及"一带一路"倡议的建设中将起到重要作用。为此,波兰政府积极调整对华政策,力图成为这一合作在中东欧地区的领导国家。③ 在波兰,"一带一路"倡议首先被解释为基于基础设施项目的经济计划;其次,该倡议被认为是应对中国生产过剩的一个举措,也是中国向世界敞开大门的计划;最后,该倡议被认为是一个旨在推动全球秩序朝着更加公正合理的方向发展的地缘政治概念。波兰政界对"一带一路"的看法不尽相同,有的政治家视之为机会,有的政治家视之为威胁。2016—2017 年,波兰对"一带一路"倡

---

① 刘作奎:《中东欧在丝绸之路经济带建设中的作用》,《国际问题研究》2014 年第 4 期;刘作奎:《"一带一路"倡议背景下的"16 + 1 合作"》,《当代世界与社会主义》2016 年第 3 期。

② 鞠维伟:《运用"丝绸之路经济带"发展中国与中东欧国家关系》,《当代世界》2014 年第 4 期。

③ Justyna Szczudlik, "When the Silk Road Meets the EU: Towards a New Era of Poland-China Relations?" in *China's Investment in Influence: The Future of 16 + 1 Cooperation*, European Council on Foreign Relations (ECFR), December 2016.

议的态度从乐观转为怀疑。① 波兰学者高山仁认为，2012年后中国作为一个新兴全球大国再次活跃在中东欧地区，具有战略和投资倡议，先是中国—中东欧国家合作，后有"一带一路"倡议。他提出了问题，中国是否认为中东欧国家是其在欧盟内部的新游乐场或试验区，还是它将该地区视为帮助它踏进西方大门的一个看门人？中国有愿景、务实方法和政治意愿，但这一愿景的实施一直很薄弱。虽然现有的一些机制提供了新的潜力，但由于双方的商业思维不同以及许多其他障碍，这些潜力迄今只得到部分利用。② 塞尔维亚学者认为，作为巴尔干地区的重要国家，塞尔维亚与中国有着牢固的合作基础，尤其是在基础设施建设领域与中国的合作不断加深。在"一带一路"倡议下，中塞将在能源、交通、旅游、农业等多领域迎来新机遇。③ 捷克学者指出，2016年之后中捷两国关系达到了前所未有的高度和深度。两国经贸、投资关系发展迅速，捷克希望取得中国—中东欧国家合作机制中的优势地位。不过就"一带一路"倡议来说，其对捷克的影响有限，捷克对华贸易没有太大改变，在捷克国内与"一带一路"倡议有关的基建、能源投资机遇并不多。④ 匈牙利学者认为，"一带一路"倡议在中匈关系中只是一种"标签

---

① Patrycja Pendrakowska, "Poland's Perspective on the Belt and Road Initiative", *Journal of Contemporary East Asia Studies*, Vol. 7, No. 2, 2018, pp. 190–206.

② Bogdan Góralczyk, "China's Interests in Central and Eastern Europe: Enter The Dragon", *European View*, Vol. 16, No. 1, 2016.

③ Dragan Pavlicewic, "The Geoeconomics of Sino-Serbia Relations: The View from China", in *China's Investment in Influence: The Future of 16 + 1 Cooperation*, the European Council on Foreign Relations (ECFR), December 2016.

④ Rudolf Fürst, "The Czech Republic: New Strategic Partnership with China, yet Little Real OBOR Touch", in Frans-Paul van der Putten, John Seaman, Mikko Huotari, Alice Ekman, Miguel Otero-Iglesias eds., *Europe and China's New Silk Roads*, ETNC Report December 2016.

而相关实质内容并不多，匈牙利主要通过双边层面和中国—中东欧国家合作机制来发展与中国的合作，所以"一带一路"倡议的概念、内涵并不被匈牙利民众所了解。① 斯洛伐克学者也认为，本国参与"一带一路"倡议的程度并不高，没有与之相关的合作项目。②

值得注意的是，在欧洲也不乏怀疑中国—中东欧国家合作以及"一带一路"倡议的声音。比利时学者认为，欧盟低估了中国"一带一路"倡议对其周边地区（尤其是巴尔干和东部伙伴地区）的地缘政治和经济影响。这一倡议也可能危及欧盟的经济和政治凝聚力。欧盟及其成员国尚未就这一雄心勃勃、模棱两可的中国项目采取共同立场。中国利用欧盟凝聚力的弱点，在双边层面发起了密集的外交行动，即中国—中东欧国家合作。这可能危及欧盟成员国之间的内部凝聚力以及与欧盟机构在维护欧盟运输和基础设施网络政策的统一性方面的必要协调。③ 有学者认为，中国—中东欧国家合作和"一带一路"倡议给了中国增加经济和政治影响的可能性。中国一方面利用经济胡萝卜和承诺，另一方面在文化交流和高层外交对话的基础上获得软实力，从而在中东欧产生影响。虽然中国—中东欧国家合作和"一带一路"倡议的目标和经济成果之间仍有很大差距，但这一

---

① Tamás Matura, "Hungary: Along the New Silk Road across Central Europe", in Frans-Paul van der Putten, John Seaman, Mikko Huotari, Alice Ekman, Miguel Otero-Iglesias eds., *Europe and China's New Silk Roads*, ETNC Report December 2016.

② Gabriela Pleschová, "Slovakia: Disconnected from China's New Silk Road", in Frans-Paul van der Putten, John Seaman, Mikko Huotari, Alice Ekman, Miguel Otero-Iglesias eds., Europe and China's New Silk Roads, ETNC Report December 2016.

③ Francisco Gómez Martos, "China's 'One Belt, One Road' Initiative: Prospects and Challenges", *Przegląd Strategiczny*, Vol. 1, No. 10, 2017.

具有中国特色的赫希曼战略对发起者有利。① 波兰学者指出了"一带一路"倡议在中东欧国家落地的困难。中东欧国家对中国—中东欧国家合作和"一带一路"倡议犹豫不决。公众意见分歧很大，许多学者和政治家也是如此。"如果我们中东欧和欧盟想要以中国大力提倡的双赢方式适当利用这些倡议，我们需要的是某种统一努力，如果不是共同战略的话。不幸的是，目前还看不到，因为无论是欧盟还是中东欧，似乎都没有准备好解决这个问题"②。

基于对国内外研究现状的初步分析，虽然国内外学者已经注意到中国—中东欧国家合作与"一带一路"倡议之间的关系，但是目前尚未从"一带一路"倡议的角度来深入研究中国—中东欧国家合作的发展模式问题。国外特别是中东欧国家的学者，对于中国—中东欧国家合作的研究较为深入，但是对"一带一路"倡议的目标、内涵以及与中国—中东欧国家合作的关系等问题的研究尚处在初级阶段，很多研究中并没有将中国—中东欧国家合作与"一带一路"倡议相结合。相关的国外研究多从双边关系角度进行研究，缺乏宏观和整体的研究视角。此外，中东欧非同质化的区域，中东欧16国可分为波罗的海国家、东南欧国家和中欧国家，国内外学者鲜有从中东欧地区次区域的角度分析中国—中东欧国家合作。自2016年起，国际秩序发生深刻变化，大国竞争加剧，中国—中东欧国家合作面临不利的地缘政治环境。中东欧学者对国际秩序变化对中国—中东欧国家的影响缺乏较为深入的讨论。

---

① Astrid Pepermans, "China's 16 + 1 and Belt and Road Initiative in Central and Eastern Europe: Economic and Political Influence at a Cheap Price", *Journal of Contemporary Central and Eastern Europe*, Vol. 26, No. 2, 2018.

② Bogdan Góralczyk, "China's Interests in Central and Eastern Europe: Enter The Dragon", *European View*, Vol. 16, No. 1, 2017.

（四）本书研究议题与研究发现

本书在总结国内外相关研究的基础上，以国际关系和地区研究为分析视角，深入探讨"一带一路"倡议背景下中国—中东欧国家合作的模式问题。在宏观上深入把握中国—中东欧国家合作的发展方向和趋势的同时，具体研究中东欧地区次区域的特性、合作需求及利益关切，分析合作现状，并提出有针对性的政策建议。本书将分析国际秩序变化的新动向以及中东欧国家对华政策的变化，并在新的地缘政治环境下分领域、分区域就推动中国—中东欧国家合作提出对策性建议。

本书认为，中国—中东欧国家合作是一种由中方推动的、多边跨区域的、非紧密型合作模式。此合作模式既非紧密型的国际组织，又非松散型的论坛。其多边的跨区域合作模式源于在国际社会中流行多边主义和跨区域主义的国际合作形式，具有一定的普遍性。但这一合作更是中国在世界百年未有之大变局下，为了践行新时代中国外交战略而创立的新举措，具有鲜明的时代特征和中国特色。然而，这一中方推动的跨区域非紧密型合作模式涉及繁重的协调工作，特别是中东欧国家差异性很大，利益诉求不尽一致。所以本书从欧洲乃至全球的重大问题出发，结合中国—中东欧国家合作及其模式的具体认知，深入研究中国与中欧、巴尔干和波罗的海三个次区域的具体合作特点，并借鉴欧盟大区域政策的宝贵经验，为大变局下中国—中东欧国家合作这一多边的跨区域合作模式提供参考与研判。

具体而言，本书探讨了"一带一路"倡议的起源，考察了倡议提出初期的国际反应，分析了国际秩序变局对"一带一路"倡议的影响，指出了"一带一路"倡议面临的主要挑战。与"一带一路"倡议提出初期相比，国际环境已发生了深刻变化。特朗普上台后，美国对华政策从接触转向遏制。新冠疫情加快了国际秩序的变化,特别是美国对华政策的变化导致中美关系面临"脱钩",中国的国际环境面临巨大的不确定性。拜登上台后,虽然声称不寻求新冷战,但是美国遏制中国的战略没有发生根本改变,还试图组建国际反华联盟。欧洲对华政策也在变动之中,美国试图向欧洲施压,呼吁欧洲联美抗中。尽管欧洲在对华关系上并未完全追随美国,但是欧洲在对华政策上似乎存在某种"认知分裂",一方面,欧洲同中国建立了全面伙伴关系;另一方面,又把中国定位为制度性对手。① 2014 年乌克兰危机之后,一些中东欧国家面临严峻的安全挑战,对美国的安全依赖增强。中东欧国家的对华外交明显受到美国的影响,一些国家如波罗的海三国明确将中国视为国家安全威胁。乌克兰危机为中国与中东欧国家关系增加了新的变数。"一带一路"倡议面临的国际环境更加复杂。欧盟对华定位的变化也对中东欧欧盟成员国产生影响。值得注意的是,西方对冲中国"一带一路"倡议的战略陆续出台。2021 年 6 月,七国集团峰会推出一项名为"重建美好世界"的基础设施计划,以满足发展中国家的基础设施需求。2021 年 7 月 12 日欧盟理事会通过一项决议,决定 2022 年春季正式推出名为"全球联通的欧洲"的基础设施建设计划。欧盟出台的"全球门户"计划旨在抗衡中国的"一带一路"倡议。如何规避地缘政治风险成为"一带一路"倡议面临的重大挑战。

本书分析了中东欧国家在"一带一路"倡议中的地位,重点探讨了中国—中东欧国家合作机制的起源及特征,阐明了"一带一路"倡议与中国—中东欧国家合作的关系。中国—中东欧国家合作机制非常独特,无论是集团还是国际组织均无法概

---

① 《冯仲平:欧洲对华政策变化与中欧关系的强大韧性》,2022 年 3 月 25 日,中国欧洲学会,http://caes.cssn.cn/yjdt/202203/t20220 331_5401599.shtml。

括其特征。平等伙伴关系、松散的机制化、合作的全面性、多功能的安排、良好的规划性、合作伙伴的不对称性是中国—中东欧国家合作机制的特征。中国—中东欧国家合作机制可以成为"一带一路"倡议政策沟通的平台；中国—中东欧国家合作机制可以成为探寻"一带一路"建设项目的平台；中国—中东欧国家合作机制可以成为中欧在"一带一路"倡议合作的平台。值得注意的是，近年来一些中东欧国家对推动中国—中东欧国家合作的意愿有所下降。本书分析了中东欧国家对华合作热情下降的国内因素和国际因素。"一带一路"倡议提出十年来，由于国际环境的变化，共建"一带一路"面临着更加复杂的形势。要使"一带一路"倡议结出丰硕的合作成果、中国—中东欧国家合作机制与"一带一路"倡议实现有效对接尚需付出艰巨的努力。

本书探讨了中东欧地区不同次区域对中国—中东欧国家合作的需求和利益关切，涉及波罗的海国家、中欧国家和东南欧国家，并就合作提出具体的政策建议。本书探讨了波罗的海国家的特性即相同的历史经历与记忆、相同的地缘政治取向、小型开放型经济体、相同的亲美倾向、相同的地缘政治隐忧，分析了波罗的海三国的合作需求与利益关切，并探讨了波罗的海国家退出中国—中东欧国家合作机制后中国与波罗的海国家关系面临的新现实。本书深入研究了中欧四国对与中国开展合作的利益诉求，分析了四国组成的维谢格拉德集团对区域合作模式的认知，为探讨中国—中东欧国家合作模式提供一定参考。本书从贸易和投资两个方面，对中国与东南欧国家合作现状进行总结和梳理，寻找存在的问题和面临的挑战，在此基础上探讨合作路径和合作模式，提出发展中国与东南欧国家合作的建议。

本书探讨了欧盟大区域战略对中国—中东欧国家合作的启示。中国—中东欧国家合作与欧盟多瑙河地区战略和波罗的海区域战略具备一定的可比性，特别是在合作模式的特点、演变和发展方面，中国—中东欧国家合作可借鉴这两大区域战略。更重要的是，欧盟大区域战略则说明了多边的、松散型合作的若干重要条件，即重点国家的推动、沟通与协商的本质以及多层次的参与和互动。

本书认为，中国—中东欧国家合作是一种由中方推动的、多边跨区域的、非紧密型合作模式。本书分析了中国—中东欧国家合作模式的普遍性和独特性，认为中国—中东欧国家合作模式并没有因为过分强调多边主义的属性而忽视了双边主义的重要性。双边合作一直是这一机构最基础、最重要的组成部分。中国—中东欧国家合作的多边主义不仅体现在国家层面合作的多边性中，也体现在地方合作的多边性中。跨区域模式并非是大国主导小国，而是充分吸收各方意见。

本书探讨了世界百年未有之大变局对中国—中东欧国家合作的影响，并就在新的条件下推进中国—中东欧国家合作提出了相关政策建议。目前国际秩序处在剧烈变化过程之中，国际环境的变化对中国外交提出了新的挑战。与2012年中国—中东欧国家合作机制形成之初的国际环境相比，如今中国—中东欧国家合作的国际环境已发生很大变化。中国与中东欧国家的合作面临更加复杂的局面，中东欧国家的对华政策日益受到外部因素的影响。面对复杂的国际局势，中国在发展与中东欧国家关系上应当冷静观察国际变局对中东欧国家的影响，客观评估主要大国或主要国际行为体对中东欧国家的影响，探讨切实可行的合作模式。

总之，中国—中东欧国家合作机制是中国特色大国外交的创举。十年来，中国—中东欧国家合作已经搭建起全方位、多层次、宽领域的合作平台。全球地缘政治的变化以及2020年暴发的新冠疫情对中国—中东欧合作产生了不利影响。坦率而言，我们对于中国—中东欧国家合作机制的理论探讨尚处在初级阶段，如何对中国—中东欧国家合作进行理论建构是我们面临的一大挑战。此外，如何应对地缘政治环境变化对中国—中东欧国家合作的影响也是中国与中东欧国家外交关系面临的新挑战。需要关注地缘政治环境变化对中国与中东欧国家关系以及中国—中东欧务实合作的影响。首先，需要关注中美关系、欧美关系及中欧关系走向的影响，从战略上把握中东欧的地缘政治价值及其地缘政治走向。其次，需要对中东欧地区进行深入的次区域思考，把握不同次区域的特性与合作需求，寻求有效的合作领域和合作方式。最后，应当根据新的形势重新评估中国与中东欧国家的合作，寻求有潜力的合作领域。

（五）关于本书的情况

本书由前言和七章正文组成。中国社会科学院欧洲研究所研究员孔田平撰写了前言、正文第一章至第三章。中国社会科学院欧洲研究所助理研究员马骏驰撰写了正文第四章和第六章。中国社会科学院欧洲研究所副研究员鞠维伟撰写了正文第五章。课题组联合撰写了第七章。

本书为国家社科基金项目"'一带一路'战略框架下的中国—中东欧国家合作模式研究"成果。课题组对国家社科基金的资助表示感谢，并对评审专家提出的中肯意见表达谢意，并特别致谢本书的责任编辑郭曼曼，感谢她为本书顺利出版付出的辛劳。

一 "一带一路"倡议：缘起与挑战

历史上的丝绸之路是指从汉唐都城长安出发，经西北经西域，通向南亚、西亚、中亚、北非和欧洲的陆上贸易通道。1877年，德国地理学家李希霍芬首次把汉代中国与中亚南部、西部以及印度之间以丝绸贸易为主的交通路线称为丝绸之路。1910年德国历史学家赫尔曼出版《中国和叙利亚之间的古代丝绸之路》，他根据考古发现，进一步将丝绸之路延伸到地中海西岸和小亚细亚，确定了丝绸之路是古代中国经由中亚通往南亚、西亚、北非和欧洲的贸易通道。古代丝绸之路在促进中西方经济与文化交流中发挥了重要作用。随着陆路贸易成本的上升，经过南海和印度洋的海上丝绸之路日益兴盛。1405—1433年郑和率领的庞大船队七下西洋，规模之大，在世界历史上前所未有，加强了同海外各国的联系。此后，明朝开始转向闭关锁国。丝绸之路的重要性开始下降，中国经济在全球的地位也开始下降。得益于工业革命和海外扩张，西方迅速崛起。1830年之后，中国逐步失去了全球第一大经济体的地位。1840年之后，中国成为列强欺凌的对象。20世纪的两次世界大战使得中国国力进一步下降。1978年开始的改革开放极大地解放了生产力，中国开始了经济的高速增长，国力逐步上升。在全球化的背景下，丝绸之路的历史记忆被唤醒，主要的国际行为体均提出了丝绸之路倡议，复兴丝绸之路日益成为沿线国家的共识。

2012年9月2日，时任中共中央政治局常委、国务院总理温家宝在第二届中国—亚欧博览会暨中国—亚欧经济发展合作论坛发表题为《再创丝绸之路新辉煌》的主旨演讲。2013年9月7日，习近平主席在哈萨克斯坦纳扎尔巴耶夫大学发表题为《弘扬人民友谊 共创美好未来》的重要演讲。习近平主席指出，为了使我们欧亚各国经济联系更加紧密、相互合作更加深入、发展空间更加广阔，我们可以用创新的合作模式，共同建设"丝绸之路经济带"。这是一项造福沿途各国人民的大事业。我们可以从以下几个方面先做起来以点带面，从线到片，逐步形成区域大合作。① 2013年10月3日，习近平主席在印度尼西亚国会发表题为《携手建设中国—东盟命运共同体》的重要演讲，指出中国致力于加强同东盟国家的互联互通建设。中国倡议筹建亚洲基础设施投资银行，愿支持本地区发展中国家包括东盟国家开展基础设施互联互通建设。东南亚地区自古以来就是"海上丝绸之路"的重要枢纽，中国愿同东盟国家加强海上合作，使用好中国政府设立的中国—东盟海上合作基金，发展好海洋合作伙伴关系，共同建设21世纪"海上丝绸之路"②。2013年11月，党的十八届三中全会通过的《中共中央关于全面深化改革若干重大问题的决定》明确指出："推进丝绸之路经济带、海上丝绸之路建设，形成全方位开放新格局。"2014年和2015年的政府工作报告均将"一带一路"建设列为政府工作的重点。"一带一路"倡议提出之后，引起了广泛的国际关注，截至2022年7月，已有149个国家和32个国际组织同中方签署200余份共建"一带一路"合作文件。为推进"一带一路"倡议，中国政府举办了两届"一带一路"国际合作高峰论坛。2017年5月14—15日，第一届"一带一路"国际合作高峰论坛

---

① 《习近平谈治国理政》第1卷，外文出版社2018年版，第289页。
② 《习近平谈治国理政》第1卷，外文出版社2018年版，第293页。

在北京举行，130个国家代表出席，其中包括29位外国元首、政府首脑。2019年4月25—27日，中国举办了第二届"一带一路"国际合作高峰论坛，150多个国家代表出席，其中包括27位国家元首、政府首脑。

（一）"一带一路"倡议的起源

第一，中国经济进入从传统动力到新型动力的内涵式发展新常态。2008年国际金融危机对世界经济产生了深刻影响，中国经济的外部环境趋于恶化。自2010年以来，由于劳动年龄人口逐年减少，中国经济增长出现减速，再重复2010年之前的两位数的高速增长已经不可能。中国经济呈现出新常态的主要特征之一为经济从高速增长转向中高速增长。从规模速度型的粗放增长转向质量效益型的集约增长则是人们的期望，要实现经济增长方式的转变并不容易。中国成为装备制造业大国。工程机械、机电产品、数控机床、港口设备、轨道交通船舶制造等诸多行业，中国制造的产销量均跃居世界前列。2013年多组数据显示，中国装备制造的经济总量已经连续四年排名全球第一，有220种工业产品居全球第一。[①] 与此同时，中国出现了产能过剩的严峻问题。产能过剩的部门有钢铁、煤炭、平板玻璃、水泥、电解铝、船舶、光伏、风电设备制造、石化等。如何应对中国经济减速，如何解决产能过剩问题，需要新的思路。

第二，西部发展与开放的紧迫性增加。在实施西部大开发战略后，西部地区的经济发展加快，民生得到改善，东西部发展差距扩大的势头得到初步遏制。但是由于西部省份地处内陆，对外开放水平不高，经济外向性与东部省份存在很大差距。

---

① 新华社：《统计局数据：我国220种工业产品产量居世界第一》，http：//www.gov.cn/jrzg/2011-03/04/content_1816351.htm。

2014年西部地区进出口贸易总额为3344亿美元，仅相当于广东的80%、江苏的50%。西部地区的进一步开放也需要新的思路。西部发展需要搭建新的开放发展平台，需要统筹利用国内国外两个市场或两种资源，激发发展活力。

第三，全球政治经济秩序转型背景下中国的角色需要重新界定。从经济总量看，继2010年超过日本成为世界第二大经济体后，中国经济总量稳步攀升，2014年达到636139亿元，折合10.4万亿美元，占世界经济总量的比例达到13.3%，比2010年提高4.1个百分点。中国经济对世界经济复苏做出了重要贡献，2011—2014年中国对世界经济增长的贡献率超过1/4。人均GDP也稳步提高。2014年，中国人均GDP为46629元，扣除价格因素，比2010年增长33.6%，年均实际增长7.5%。根据世界银行的数据，中国人均国民总收入由2010年的4300美元提高至2014年的7380美元，在上中等收入国家中的位次不断提高。如果根据国际货币基金组织的统计，按照购买力平价计算，1980年美国占世界经济的比重为25%，中国为2.2%；而到了2014年美国占世界经济的比重下降到16.1%，中国则上升至16.3%。

第四，国际金融体系改革步履维艰。中国等新兴市场力量的较快发展对国际经济秩序的调整与优化提出了要求。2008—2009年国际金融危机后二十国集团（G20）应运而生，国际金融结构的改革提到议事日程。随着金砖国家经济实力的上升，它们要求增加在国际货币基金组织（IMF）中的发言权。2010年G20承诺2012年之前向新兴市场转让6%的份额和投票权。美国不愿放弃其否决权和对IMF的控制。由于美国国会的阻挠，IMF投票权的改革迟迟不能进行。

第五，全球贸易体系的重构加速。由于多哈回合贸易谈判陷入僵局，全球范围内双边和多边的自由贸易协议谈判方兴未艾。世界贸易组织（WTO）主导的国际贸易格局日益碎片化。奥巴马上台后，力推跨太平洋伙伴关系协议（TPP），以形成新的国际贸易规则。美国与欧盟就跨大西洋贸易和投资伙伴关系（TTIP）展开谈判，也涉及贸易规则的变动。美欧试图为竞争、贸易便利化、劳工、环境和知识产权等领域制定新的规则，重构国际贸易的格局。奥巴马非常直白地指出，"如果我们不制定规则，中国将制定规则"。美国地缘政治专家布热津斯基2013年4月出席在斯洛伐克首都布拉迪斯拉发举办的"全球安全论坛"时强调，"在中国崛起的背景下，美国与欧盟建立自由贸易区可以复兴跨大西洋关系，形成新的地缘政治平衡"[1]。

美国在亚洲的战略再平衡直指中国。美国深陷阿富汗战争和伊拉克战争十年后，认为中国力量上升对其霸主地位会产生威胁。2011年10月，美国国务卿希拉里发表文章《美国的太平洋世纪》（*America's Pacifil Century*）[2]。2011年11月，美国总统奥巴马在夏威夷举行的亚太经合组织峰会上提出"转向亚洲"战略[3]。2012年美国国防部部长帕内塔提出美国"亚太再平衡战略"，决定将军力部署转向亚太地区。到2020年，美国空中和海上力量的60%将部署在亚洲。强化美国主导的亚太安全秩序，加强美日同盟关系；与对中国发展持有疑虑的国家密切双边关系，防范中国崛起；加强与亚洲国家的经济关系，扩大出口，增加就业。在美国战略重心转向亚太地区后，中国东部地区的安全环境更加严峻。

第六，冷战后的国际秩序尚在演化之中。对于冷战后国际秩序的特点有不同的概括，如一超多强或多极世界。数年之前

---

[1] Zbigniew Brzezinski, "Keynote at Globsec 2013", https://www.csis.org/analysis/dr-zbigniew-brzezinski-keynote-globsec-2013.

[2] Hillary Clinton, "America's Pacific Century", *Foreign Policy*, November 2011.

[3] Barack Obama, "Statement by the President on the Trans-Pacific Partnership", https://www.whitehouse.gov/the-press-office/2015/10/05/statement-president-trans-pacific-partnership.

中国与美国的 G2 曾引起热烈的讨论，欧洲学者提出包括欧洲在内的 G3，2008 年国际金融危机之后形成了 G20。① 2013 年，美国经济学家斯蒂格利兹指出："在过去 25 年间，我们已经从两个超级大国主导的世界转向一个超级大国主导的世界，现在转向无领袖的多极世界。尽管我们会谈论 G7，G8 或 G20，更加恰当的描述是 G0。在新的世界中，我们必须学习如何生存与成长。"② 在一些西方学者看来，全球经济治理陷入僵局。美国不能发挥领导作用；欧洲不愿推动真正的改革；金砖国家搭自由体系的便车，获得巨大的竞争优势，而不承担责任。冷战后的国际秩序尚在演化之中，中国在变动中的国际秩序中如何发挥作用备受关注。

　　学术界围绕如何应对中国面临的挑战提出许多的政策建议。北京大学国际关系学院教授王缉思 2012 年提出"西进"战略。他认为，"中美两国在东亚的竞争，已日益呈现某种'零和格局'"，因此需要有一些新的、具有全局性的、陆权与海权并行不悖的地缘战略"再平衡"思考。就是说：中国要在维持东面与美、日"竞争"的同时，大力"西进"，进入这个中国外交传统上的非重点区域。③ 原世界银行高级副行长、首席经济学家林毅夫针对中国的产能过剩问题，提出中国可以凭借雄厚的外汇储备，收购国外资源，投资国外基础设施，出口国内过剩的产能。著名经济学家吴敬琏教授针对中国的经济现实提出，靠投资拉动国内

---

① Parad Khanna and Mark Leonard, "Why China Wants a G-3 World", September 7, 2011, http：//www. nytimes. com/2011/09/08/opinion/08iht-edkhanna08. html? _ r = 0.

② Joseph Stiglitz, "The Davos Disappointment-Growing Complacency in a Leaderless World?", February 7, 2013, http：//www. economywatch. com/economy- business-and-finance-news/davos-disappointments-joseph-stiglitz-on-the-world-economic-forum. 07 – 02. html.

③ 王缉思：《"西进"，中国地缘战略的再平衡》，https：//opinion. huanqiu. com/article/9CaKrnJxoLS，2012 年 10 月 19 日。

增长已经几乎没有出路,只有通过向国外投资,才能避免产能过剩、资源浪费、房价高企、地方债等困扰当前中国经济的现实问题,还能增加外汇储备。①

(二) 围绕丝绸之路的国际博弈

中国提出"一带一路"倡议之前,在国际上也有国家提出相似的倡议或战略。美国、日本、土耳其、俄罗斯、欧盟均有不同的丝绸之路建设方案。

1. 美国"新丝绸之路"倡议

早在1999年,美国国会就通过了"丝绸之路战略法案"。该法案计划通过支持中亚和南高加索国家的经济和政治独立来复兴连接这些国家及欧亚大陆的"丝绸之路"。2005年美国提出"大中亚"计划,强调要以阿富汗为立足点,在中亚地区建立政治、经济与安全的多边机制。2011年美国国务卿希拉里提出"新丝绸之路倡议",以阿富汗为中心,通过中亚、南亚在政治、安全、能源、交通等领域的合作,建立一个由亲美的、实行市场经济和世俗政治体制的国家组成的新地缘政治板块,推动包括阿富汗在内的中亚地区国家的经济社会发展,服务于美国在该地区的战略利益。②2011年年末,美国负责经济、能源和农业事务的副国务卿罗伯特·霍马茨谈到美国的"新丝绸之路倡议"时强调,美国的重点是协助阿富汗和巴基斯坦发展经济,推动两

---

① 曹辛:《中国"一带一路"到底指什么》,http://finance.sina.com.cn/360desktop/stock/usstock/c/20150608/080122372729.shtml,2015年6月8日。

② Leif Rosenberger, "The Rise and Fall of America's New Silk Road Strategy", https://www.thestreet.com/economonitor/emerging-markets/the-rise-and-fall-of-america-s-new-silk-road-strategy.

国在中亚和南亚贸易机会的最大化。2012年7月,在东京召开了关于"新丝绸之路倡议"的部长级会议,美国希望将日本拉入该计划。美国关注的重点是阿富汗,希望阿富汗成为连接中亚与南亚的交通枢纽与一体化的中心。美国"新丝绸之路倡议"的实施手段有两种:一是基础设施建设与互联互通(公路、铁路、电力传输网络、管道);二是发展援助。主要项目有:中亚国家向阿富汗供电项目;中亚国家与阿富汗铁路的连接项目;土库曼斯坦—阿富汗—巴基斯坦和印度的天然气管道(TAPI);美国的"新丝绸之路倡议"面临如下困难:阿富汗局势的不稳定;印度与巴基斯坦之间缺乏信任;美国与大中亚相距遥远,不可能直接从丝绸之路国家的贸易关系中获取经济收益;美国的"新丝绸之路倡议"具有政治含义,如促进民主规范、价值观与人权。伊朗由于政治原因,被排除在新丝绸之路建设之外。

2. 日本"丝绸之路外交"战略

1997年桥本内阁首次提出"丝绸之路外交"设想。[①] 日本认为,中亚各国远离国际市场,需要加强彼此间的经济合作,才能更有效地进入国际市场,日本应该帮助中亚各国实现一体化,日本的目的是强化在这一地区的政治与经济影响力。日本"丝绸之路外交"战略的实施手段是由日本政府提供开发援助,帮助丝绸之路沿线国家完善公路、铁路、电力等基础设施建设。为了推动这一战略,日本自2004年起推动设立"中亚+日本"机制,通过五国外长的定期会晤来促进政治对话、经贸合作、文化交流。

3. 土耳其"现代丝绸之路"项目

2008年土耳其海关和贸易部提出"现代丝绸之路"项目,

---

① Timur Dadabaev, "Japan Attempts to Crack the Central Asian Frontier", https://www.asiaglobalonline.hku.hk/japan-central-asia-uzbekistan-kazakhstan.

旨在实现关税程序的简化和统一，重建历史上的丝绸之路。"现代丝绸之路"项目的重点是交通、安全、物流和海关程序。土耳其希望通过广泛的铁路网络、交通线、海关大门、能源走廊和天然气管道复兴丝绸之路，使该地区成为全球经济的主要参与者。纳入"现代丝绸之路"项目的国家有阿塞拜疆、格鲁吉亚、印度、伊朗、伊拉克、哈萨克斯坦、吉尔吉斯斯坦、蒙古国、巴基斯坦、俄罗斯、叙利亚、塔吉克斯坦、乌兹别克斯坦、阿富汗、中国和韩国。

4. 俄罗斯"欧亚经济联盟"

俄罗斯尽管没有明确的丝绸之路倡议，但是俄罗斯有中亚战略。俄罗斯对中亚的战略构想并不是发展或投资于基础设施，而是通过建立超国家结构，确保苏联遗产，保持对中亚地区的影响，以便继续从过去的投资和该地区的资源中获取收益。1994年哈萨克斯坦总统纳扎尔巴耶夫在莫斯科大学发表演说，首次提出"欧亚经济联盟"的计划。2010年10月，俄罗斯总理普京提出"欧亚经济联盟"的主张。2011年11月18日，俄罗斯、白俄罗斯、哈萨克斯坦三国总统签署协议，确立2015年建立"欧亚经济联盟"的目标。2014年5月29日，哈萨克斯坦、白俄罗斯与俄罗斯签署建立"欧亚经济联盟"的文件。2015年1月1日，"欧亚经济联盟"正式成立。俄罗斯通过上海合作组织、欧亚联盟、独联体集体安全条约组织发挥作用，试图保持对中亚的影响力，以恢复其大国地位。俄罗斯在中亚面临的不利因素有：美国和欧盟介入中亚部分抵消了俄罗斯的影响；中亚国家对俄罗斯不信任，担心其主权受到损害；中亚政权的继承问题可能会危及政治稳定。

5. 欧盟"欧洲—高加索—亚洲国际运输走廊"

欧盟围绕丝绸之路的主要倡议有"欧洲—高加索—亚洲国际

运输走廊"、维京铁路建设项目和 INOGATE（向欧洲输送石油和天然气国家间项目）。涉及欧盟和 13 个国家（亚美尼亚、阿塞拜疆、保加利亚、格鲁吉亚、伊朗、哈萨克斯坦、吉尔吉斯斯坦、摩尔多瓦、塔吉克斯坦、土库曼斯坦、土耳其、乌克兰和乌兹别克斯坦）。[①] 其目的是建立亚欧之间的交通联系，促进地区经济发展。该项目主要包括五个领域：海运、空中通路、公路与铁路、交通基础设施以及交通安全。欧盟委员会最初为该项目提供资本，2009 年之后融资则来自成员国。维京铁路是欧盟支持的通过高加索和中亚连接斯堪的纳维亚与中国之间的铁路项目。这是一个多式联运项目，涉及铁路与海路。2003 年项目提出，2007 年关注度增加。2011 年哈萨克斯坦表示对参加该项目的兴趣。INOGATE 是能源合作倡议。参与国为亚美尼亚、阿塞拜疆、白俄罗斯、格鲁吉亚、哈萨克斯坦、吉尔吉斯斯坦、摩尔多瓦、土耳其、土库曼斯坦、乌克兰、乌兹别克斯坦、塔吉克斯坦。这一能源倡议有四个目标：以欧盟内部能源市场为基础，实现能源市场的趋同；增强能源安全（解决能源进出口、能源运输和能源需求等问题）；支持可持续的能源开发（提高能源效率，发展再生能源）；吸引投资者参与能源项目。其项目有跨里海—黑海天然气走廊（Trans–Caspian–Black Sea Gas Corridor）。

6. 哈萨克斯坦"光明之路"计划

哈萨克斯坦希望参与不同的丝绸之路倡议，如美国、土耳其和中国等国家提出的倡议。欧洲和美国的货运到达阿富汗要经过哈萨克斯坦的里海城市阿克套。哈萨克斯坦希望将阿克套转型成为美国主导的"新丝绸之路倡议"中的地区交通中心。

---

① CSIS, "Transport Corridor Europe-Caucasus-Asia (TRACECA)", https://reconnectingasia.csis.org/database/initiatives/traceca/cb867132 – 4312 – 4adb – b664 – 7bbc82c5e23d/.

哈萨克斯坦与土耳其合作，改善交通和海关服务；与此同时，哈萨克斯坦欢迎中国在哈萨克斯坦投资，中国对哈萨克斯坦的投资集中在资源开发、公路、铁路等领域。哈萨克斯坦总统纳扎尔巴耶夫呼吁外国投资者参与"光明之路"项目。哈萨克斯坦希望恢复其历史作用，成为中亚商业交通的枢纽。哈萨克斯坦总统顾问认为，丝绸之路并不是着眼于过去的历史，而是要建设有助于加强哈萨克斯坦和其他中亚国家主权的新的巨大的交通通道。2009年哈萨克斯坦提出建设双西交通走廊即"欧洲西部—中国西部"（双西）交通走廊，该交通走廊东起中国东部海滨城市连云港，西至俄罗斯第二大城市圣彼得堡，途经中国郑州、兰州、乌鲁木齐，出霍尔果斯口岸进入哈萨克斯坦，从北部边境出境进入俄罗斯，经奥伦堡、喀山、莫斯科抵达圣彼得堡，与欧洲公路网相连，全长8445千米。其中，哈萨克斯坦境内线路全长2787千米。该交通走廊建成之后将成为中欧之间最快的贸易通道。中国到欧洲市场的运输通过跨西伯利亚铁路需要14天；海运经过苏伊士运河需要45天；而通过双西交通走廊则在10天之内。

（三）"一带一路"倡议提出初期的国际反应

2013年9—10月，习近平主席先后提出建设丝绸之路经济带和21世纪海上丝绸之路重大倡议。"一带一路"倡议强调政策沟通、设施联通、贸易畅通"资金融通"民心相通。2014年4月，国务委员杨洁篪在博鳌亚洲论坛发表演说，称促进互信和互利的精神，充分体现在中国的"一带一路"倡议之中。[①] 中国领导人明确表示，"一带一路"的建设将贯穿"亲、诚、惠、容"的

---

① 《杨洁篪在博鳌亚洲论坛2014年年会分论坛上的演讲》，人民网，http://world.people.com.cn/n1/2017/0308/c411452-29132446.html。

周边外交理念，坚持不干涉别国内政，不谋求地区事务主导权，不寻求势力范围。"一带一路"是开放的合作倡议，以经济与人文合作为主线，不搞封闭性的集团，不妨碍既有的多边机制。

2015年3月28日，国家发展和改革委员会、外交部、商务部联合发布了《推动共建丝绸之路经济带和21世纪海上丝绸之路的愿景与行动》，"一带一路"路线日益明确。该文件指出，"一带一路"贯穿亚欧非大陆，一头是活跃的东亚经济圈，一头是发达的欧洲经济圈，中间广大腹地国家经济发展潜力巨大。丝绸之路经济带重点畅通中国经中亚、俄罗斯至欧洲（波罗的海）；中国经中亚、西亚至波斯湾、地中海；中国至东南亚、南亚、印度洋。21世纪海上丝绸之路重点方向是从中国沿海港口通过南海到印度洋，延伸至欧洲；从中国沿海港口通过南海到南太平洋。

1. 美国

美国对"一带一路"倡议鲜有官方回应，但是美国媒体和智库高度关注"一带一路"倡议。美国更加关注其军事和安全战略影响。美国海军战争学院海军战略专家霍姆斯认为，"一带一路"构想尚在计划阶段，其本身没有直接的军事影响。但从长期看，"这有可能帮助中国将我们挤出亚洲，使我们的盟友背弃我们"[1]。新美国安全中心的克罗宁认为，"一带一路"倡议更多的是口号，而不是可操作的现实。美国国防大学的学者沙曼则关注海上丝绸之路倡议对中国海军战略的影响。

2. 欧盟

2014年3月31日，习近平主席访问欧盟总部期间，中欧双

---

[1] 《美媒："一带一路"或具多重战略意义将排挤美国》，参考消息网，http：//caijing.chinadaily.com.cn/2015-04/13/content_20420539.htm。

方发表《关于深化互利共赢中欧全面战略伙伴关系的联合声明》，中欧双方决定共同挖掘中国丝绸之路经济带与欧盟政策的契合点，探讨在丝绸之路经济带沿线开展合作的共同倡议。① 2015年6月29日，第十七次中国欧盟领导人会晤在布鲁塞尔发表联合声明，双方领导人决定，支持"一带一路"倡议与欧洲投资计划进行对接，指示2015年9月举行的中欧经贸高层对话探讨互利合作的具体方式，包括通过建立中欧共同投资基金。双方同意在基础设施领域加强联系，决定建立"互联互通合作平台"，并尽早启动首次会议，以加强信息交流、推动运输无缝连接和运输便利化，对接彼此相关倡议与项目；在中欧各自政策和融资渠道中明确合作机遇，包括"一带一路"倡议和"泛欧交通运输网"之间的合作。② 2015年9月28日，中国国务院副总理马凯同欧盟委员会副主席卡泰宁在北京共同主持第五次中欧经贸高层对话。中欧签署建立中欧互联互通平台的谅解备忘录。同日，欧盟委员会发表声明，对中国的"一带一路"倡议对接"欧洲投资计划"表示欢迎。欧盟委员会称，互联互通平台将更好地协调中国"一带一路"倡议与欧盟的泛欧交通网络政策，推动双方在基础设施、设备、技术与标准等领域的合作，从而为双方创造众多商业机遇，提升中国与欧盟的就业、增长与发展。③

3. 俄罗斯

2014年2月6日，习近平主席在索契会见俄罗斯总统普京。

---

① 《关于深化互利共赢中欧全面战略伙伴关系的联合声明》，新华社，http://www.gov.cn/xinwen/2014-03/31/content_2650712.htm。
② 《第十七次中国欧盟领导人会晤联合声明》，新华网，http://www.xinhuanet.com/world/2015-06/30/c_1115774915.htm。
③ 《欧盟委员会欢迎"一带一路"对接"欧洲投资计划"》，新华社，http://www.gov.cn/xinwen/2015-09/29/content_2940431.htm。

习近平主席强调，中方欢迎俄方参与丝绸之路经济带和海上丝绸之路建设，使之成为两国全面战略协作伙伴关系发展的新平台。普京总统表示，俄方积极响应中方建设丝绸之路经济带和海上丝绸之路的倡议，愿将俄方跨欧亚铁路与"一带一路"对接，创造出更大效益。① 2015年5月，习近平主席访问俄罗斯，中俄双方签署《关于丝绸之路经济带建设与欧亚经济联盟建设对接合作的联合声明》。2015年7月，俄罗斯总统普京与习近平主席在乌法举行会晤，普京总统强调俄方积极参与中方发起的亚洲基础设施投资银行筹建工作。双方决定开展丝绸之路经济带建设同欧亚经济联盟建设对接合作，相信将为两国经济合作提供更大动力。

4. 哈萨克斯坦

2013年9月，正是在访问哈萨克斯坦期间，习近平主席首次提出共建"丝绸之路经济带"倡议。2015年4月15日时任哈萨克斯坦总统纳扎尔巴耶夫会见中国驻哈大使，称中国"一带一路"倡议与哈萨克斯坦"光明大道"计划有众多契合点。② 纳扎尔巴耶夫2015年9月27日在联合国可持续发展峰会发表讲话，强调复兴丝绸之路经济，将其提升至现代化水平，对于欧亚国家来说具有重要意义。这将大大缩短亚太地区与欧洲之间的运输时间，使众多国家受益。为此，哈萨克斯坦正在大力推进基础设施建设，通过铁路和高速公路通道将太平洋与欧洲和中东地区连接起来。他进一步提出了"大欧亚共同体"的概念，认为将欧亚经济联盟、丝绸之路经济带以及欧盟整合成21世纪

---

① 《习近平会见俄罗斯总统普京　祝索契冬奥会取得成功》，2014年2月7日，中国政府网，http://www.gov.cn/ldhd/2014-02/07/content_2580805.htm。

② 《哈总统称"一带一路"与"光明大道"有众多契合点》，中新社，http://world.people.com.cn/n/2015/0416/c157278-26851864.html。

统一的一体化项目,团结构建"大欧亚共同体"的时机已经到来。①

5. 中东欧国家

2015年6月6日,正在匈牙利进行正式访问的时任外交部部长王毅在布达佩斯同匈牙利外交与对外经济部部长西亚尔托签署了《中华人民共和国政府和匈牙利政府关于共同推进丝绸之路经济带和21世纪海上丝绸之路建设的谅解备忘录》。这是中国同欧洲国家签署的第一个此类合作文件。2016年1月,匈牙利中央银行行长毛托尔奇强调"目前匈牙利政府大力推广的'向东方开放'政策与中国的'一带一路'政策相互重合,不仅在地理层面,更重要的是在意向和目标层面"②。波兰外交部亚太司副司长斯托克琴斯卡强调,波兰非常重视中国的"一带一路"倡议,这是中国经过深入思考形成的想法。波兰作为中东欧最有影响力的国家,很有意向参与这一倡议,并在其中扮演突出的角色。波兰外交部经济合作司副司长法尔考夫斯基认为,中国的"一带一路"倡议具有突破性意义,新丝绸之路经济带不仅涉及产品贸易,还有思想、文化的交流。沿线国家目前都在加入全球化,"一带一路"倡议将会促进沿线国家的互利共赢。而在波中双边合作的领域中,他认为中国是基础设施建设项目中最合适的合作伙伴。③ 波兰外交部部长谢蒂纳认为,

---

① 《哈萨克斯坦总统:"大欧亚共同体"将汇集欧盟和欧亚经济联盟》,俄罗斯卫星通信社,https://sputniknews.cn/politics/201509281016447006/。

② 《中匈两国共商一带一路新机遇 匈牙利加大"向东方开放"政策力度》,一财网,http://finance.sina.com.cn/roll/2016-01-15/doc-ifxnqriz9712900.shtml。

③ 《波兰:响应中国"一带一路"倡议的中欧"门户"》,中新社,https://world.huanqiu.com/article/9CaKrnJMf3B。

"一带一路"倡议是亚洲地区文明发展的重要标志。它将强化中国与世界、中国与欧洲之间的经贸关系,可成为未来欧亚新型战略关系的重要载体。不仅有利于经济领域互利合作,也有利于促进欧亚之间的文化交往。他表示,波兰愿意以多种形式参与到这一计划中来。① 立陶宛总理布特克维丘斯表示,"立陶宛赞赏中国通过实施'一带一路'倡议来密切欧亚联系的努力,热切希望能够作为'一带一路'的西大门与欧亚交通网和物流网紧密地连接在一起"②。罗马尼亚总理蓬塔 2015 年 5 月强调,罗马尼亚和中国的合作已进入具体阶段,能源、高速公路等基础设施项目可以成为"一带一路"总规划中的一部分。③ 2015 年,塞尔维亚总理武契奇表示,塞方愿积极参与"一带一路"建设,欢迎中国企业来塞投资兴业,将同中方不断加强在铁路、公路、电站等基础设施领域的合作。④ 2015 年 11 月,中国同波兰、捷克、斯洛伐克、保加利亚和塞尔维亚分别签署政府间共同推进"一带一路"建设的谅解备忘录。

(四)国际秩序变局与"一带一路"倡议

自 2016 年起,国际秩序开始剧烈变化,其标志性事件为英国脱欧公决和特朗普当选美国总统。当今世界正经历百年未有之大变局。美国和欧洲对华态度发生变化,"一带一路"倡议面

---

① 《"一带一路"将助波中合作不断加强——访波兰外长格热戈日·谢蒂纳》,新华社,https://world.huanqiu.com/article/9CaKrnJM4C1。

② 《立陶宛总理布特克维丘斯:中国—中东欧国家合作惠及立中关系》,光明日报,http://www.gov.cn/zhengce/2015-11/24/content_5015882.htm。

③ 《罗马尼亚希望加强与中国合作》,新华网,http://www.xinhuanet.com/world/2015-05/21/c_1115362120.htm。

④ 《张高丽访问塞尔维亚》,新华社,http://www.gov.cn/guowuyuan/2015-06/25/content_2883650.htm。

临着更加复杂的国际环境。

1. 美欧对华认知发生变化，中美关系徘徊在建交后的低谷

特朗普就任美国总统后，中美关系偏离了正确的轨道，美国对"一带一路"倡议的敌意增加。2017年美国国家安全报告将中国视为首要战略竞争者。从特朗普政府对华挑起贸易摩擦到美国副总统彭斯充满对抗情绪的对华政策宣示，美国的对华政策正在发生根本的改变，试图全面遏制中国似乎成为美国政界的共识。美国对中国的政治、经济、文化、军事、安全等多领域遏制的态势正在形成，中美关系面临自中美建交后最严峻的考验。在美中对抗加剧的背景下，无论是美国的智库还是美国政府，对"一带一路"倡议的敌意上升。

2019年3月，欧盟委员会发表《欧盟—中国战略展望》，将中国界定为"合作伙伴""谈判伙伴""经济竞争者"和"制度对手"①。这是自1995年欧盟发布对华政策文件以来首次将中国称为对手。2020年5月，欧盟议会最大党团欧洲人民党主席韦伯表示，中国将是未来欧洲最大的经济、社会和政治竞争对手。他说："对于欧洲而言，我把中国视为一个想要取代美国领导地位，并代表着极权模式社会的战略竞争对手"②。2020年9月16日，欧盟委员会主席冯德莱恩向欧洲议会发表了欧盟年度盟情咨文。她提到中国，称欧盟与中国的关系是最具战略重要性，同时也是欧盟所面对的最具挑战性的关系之一。"从一开始我就说过，中国是一个谈判伙伴、经济竞争者和制度性对手。"她强调"西

---

① European Commission, "EU-China-A Strategic Outlook", https：//ec.europa.eu/info/sites/default/files/communication-eu-china-a-strategic-outlook.pdf.

② "Europe Should Temporarily Ban Chinese Takeovers：Germany's Weber", Reuters, https：//www.reuters.com/article/us-eu-china-investment-idUSKBN22S0WR.

巴尔干是欧洲的一部分,不是丝绸之路的中转站"①。欧洲对华的认知发生变化。欧洲智库认为,欧洲对中国作为全球安全参与者的新角色缺乏准备,中国外交范式的转变对欧洲产生影响,中国的活动也将影响欧洲的利益(欧洲及其近邻中亚和非洲)。中国既是欧洲的伙伴,又是欧洲的竞争者和对手。欧洲智库的一些学者认为,中欧关系具有战略性,但是有冲突性的结构。

2. 国际贸易体系的重塑进程正在加速

美欧日三方在贸易政策上日益合流。2018年5月31日,美国贸易代表罗伯特·莱特希泽、日本产业大臣世耕弘成和欧盟贸易专员西莉亚·马姆斯特罗姆在巴黎会晤,并发表联合声明。② 2018年7月,美欧休战,就贸易问题达成共识,双方将致力于建设零关税的自由贸易区,减少补贴,减少贸易壁垒,对世界贸易组织进行改革,减少不公平贸易。2018年9月,美国、欧盟和日本三方贸易部部长签署了与贸易相关的三方联合声明"美日欧联合声明"③。三方在第三国非市场化政策,国企

---

① Von der Leyen: "Western Balkans are Part of Europe, Not Just a Stopover on the Silk Road", https://europeanwesternbalkans.com/2020/09/16/von-der-leyen-western-balkans-are-part-of-europe-not-just-a-stopover-on-the-silk-road/.

② 三方贸易代表重申了对美、欧、日之外一些国家非市场导向政策的关注,同时讨论了对此正在采取的行动以及近期可能采取的措施。贸易代表们明确了三方共同的目标,以解决导致产能严重过剩,给美、欧、日工人和企业带来不公平竞争环境,阻碍新技术的开发和应用,破坏国际贸易的正常运行(包括令现有规则无效)等非市场导向的政策和做法。部长们一致认为,以市场为导向的环境是公平、互利的全球贸易体系的基本条件。

③ 联合声明包括第三国非市场主导政策和做法相关声明、产业补贴和国有企业相关声明、第三国强制技术转让政策和做法相关声明、关于WTO改革的讨论的声明、数字贸易和电子商务相关声明和关于其他领域合作的声明。

补贴，强制技术转让，改革 WTO 等多方面达成了一致。尽管联合声明未提到中国，事实上美、欧、日在贸易问题上针对中国达成统一战线，中国的贸易环境面临前所未有的挑战。2018 年 9 月 26 日，时任美国总统特朗普在纽约与到访的时任日本首相安倍晋三会晤，双方同意就美日双边贸易协定开启谈判。美日联合声明强调，在完成必要的国内程序后，美国和日本将开始就美日贸易协定展开谈判，涉及可以取得早期成果的货物和服务贸易等关键领域。在此基础上，美日还计划就其他贸易和投资问题进行谈判。美国退出《北美自由贸易协定》后，与墨西哥和加拿大重新进行贸易谈判。2018 年 10 月 1 日，美国、墨西哥和加拿大达成新的贸易协定（USMCA），规定协定中任何成员国与"非市场经济国家"达成自由贸易协定，其他成员国有权退出协议。美、欧、日重塑国际贸易体系的进程加速，国际贸易体制的新变局对中国"一带一路"倡议中的贸易畅通构成挑战。

3. 经济民族主义抬头催生保护主义

伴随着右翼民粹主义政治上的崛起，世界政治出现了前所未有的不确定性。自 2016 年英国脱欧公投和特朗普当选美国总统起标志着新一轮民粹主义的崛起。2018 年民粹主义政党在意大利赢得大选胜利，匈牙利欧尔班领导的青民盟连续 4 次赢得大选胜利。经济民族主义抬头，成为特朗普政府经济政策的重要支柱。特朗普在总统竞选期间承诺要让制造业从中国回到美国。特朗普政府认为，美国成为中国不公平贸易的牺牲品，以消除贸易逆差为由，对中国商品采取报复性关税措施，挑起经贸摩擦。欧洲在不公平贸易、强制技术转移、知识产权保护、国有企业等问题上与美国的关切一致，不同的是对中国采取的策略和方式。为应对中国在欧洲的投资，欧盟重要成员国如德国等国家推动欧盟出台欧盟层次的投资审查机制，欧盟委员会公布外国直接投资审查框架建议，一些欧盟成员国事实上已经加强外国投资审查机制。欧盟委员会表示在今后的实施过程中将"基于规则"与亚洲的实际相结合，重点打造交通、能源、数字及人际交流网，与亚洲国家和组织建立互联互通伙伴关系，同时还要在双边、地区以及国际组织层面增进合作。

欧日和美日加强了在确立基础设施建设标准上的协调。2019年9月27日，欧盟委员会主席容克与日本首相安倍晋三签署可持续互联互通和高质量基础设施伙伴关系协定（EU—Japan Partnership on Sustainable Connectivity and Quality Infrastructure）。协定强调合作是基于作为共同价值的可持续性、高质量基础设施和对公平竞争益处的确信。美国的海外私人投资公司（OPIC）、日本国际协力银行（JBIC）和澳大利亚外交贸易部三方共同提出了"蓝点网络"构想，就目前已披露的信息来看，强调所谓"全球标准"，通过"私营企业注资"、高质量、可持续的基础设施投资是"蓝点网络"计划的重要特点。

4. 西方炒作中国"锐实力"，新一轮中国"威胁"论登场

2017年12月，美国国家民主基金会提出了"锐实力"一词，在西方语境下，作为一种所谓国家力量新形态，"锐实力"是少数西方国家出于对华政治遏制的需要，为配合新一轮中国"威胁"论量身定做的说辞。① 目前西方智库开始关注中国在相关国家的孔子学院开展的活动、媒体项目、教育合作、文化交流、智库交流，关注中国的影响力。美国民主基金会资助中欧国家的学者继续分析中国在中欧的影响力。由于"锐实力"概念的出笼，新一轮中国"威胁"论登场。在中国"威胁"论甚嚣尘上的背景下，"一带一路"倡议的传播面临较大困难，中国与相关国家的正常文化、教育和学术交流将面临更多的障碍。

---

① 《"锐实力"是对中国的歪曲解读》，2019年5月22日，求是网，http://www.qstheory.cn/dukan/hqwg/2019-05/22/c_1124523258.htm。

（五）"一带一路"倡议面临的主要挑战

"一带一路"倡议是冷战结束后中国最重要的外交政策倡议。该倡议具有以下特点：是统筹国内国际发展与维护和平稳的重大举措；该倡议重点突出，强调共商共建共享原则，政策沟通、设施联通、贸易畅通、资金融通、民心相通；该倡议将国内安全与国际安全相结合，试图通过经济合作促进区域稳定；该倡议不仅关注交通基础设施互联互通，同时关注能源供应安全；"一带一路"倡议超出周边外交范畴，涉及周边、大国和超国家组织；沿线国家与辐射国家，涉及大的外交布局；"一带一路"倡议没有军事和地缘战略意图。不谋求地区事务主导权，不追求势力范围；坚持合作共赢。

1. 国际环境的变化

与"一带一路"倡议提出初期相比，国际环境已发生深刻变化。特朗普上台后，美国对华政策从接触转向遏制。新冠疫情加快了国际秩序的变化，特别是美国对华政策的变化导致中美关系面临"脱钩"风险，中国的国际环境面临巨大的不确定性。拜登上台后，虽然声称不寻求新冷战，但是美国遏制中国的战略没有根本改变，拜登政府试图组建国际反华联盟。欧洲对华政策也在变动之中，美国试图向欧洲施压，呼吁欧洲联美抗中。面对美国的经济强权，法国财政部部长勒梅尔强调，欧洲应当成为与美国和中国并列的 21 世纪的"超级力量"[①]。尽管欧洲在对华关系上并未完全追随美国，但

---

① Liz Alderman and Roger Cohen, "Clear Differences Remain Between France and U. S., French Minister Says", https://www.nytimes.com/2021/10/11/world/europe/france-us-differences-bruno-le-maire.html.

是近年来，欧盟机构、法国和德国等欧洲大国越来越强调欧洲国家在对华政策上有必要步调一致，[1] 强调对华关系中价值与利益的平衡。2014年乌克兰危机之后，一些中东欧国家面临严峻的安全挑战，对美国的安全依赖增强。中东欧国家的对华外交政策明显受到美国的影响，一些国家如波罗的海三国无端将中国视为"安全威胁"。"一带一路"倡议面临的国际环境更加复杂。值得注意的是，西方对冲中国"一带一路"倡议的战略陆续出台。2021年6月，七国集团峰会推出一项名为"重建美好世界"的基础设施计划，以满足发展中国家的基础设施需求。2021年7月，欧盟理事会通过一项决议，决定来年春季正式推出名为"全球联通的欧洲"的基础设施建设计划。欧盟理事会在新闻公报中承认，这一规划表明"欧盟需要采取地缘战略和全球联通的方法，以促进欧盟的经济、外交、发展政策和安全利益，并且进一步促进欧盟的价值观"。欧洲智库的学者认为，这是欧洲对"一带一路"倡议的回应。[2]

在"一带一路"倡议的推行中，中国与欧盟的合作具有特别的意义。无论是陆上丝绸之路还是海上丝绸之路，其终点均为欧洲。中国与欧洲分属丝绸之路两端，是全球两大市场；中国作为一个贸易大国看重欧盟市场；欧洲基础设施建设相对发达，欧洲对其交通基础设施有其规划，如泛欧交通走廊等；与俄欧关系相比，中国强调的互利共赢的理念更容易为欧洲所接受。欧盟的中东欧成员国基础设施建设相对滞后，一些中东欧国家是连接欧亚大陆交通通道的必经之路，个别国家如波兰甚

---

[1] 《冯仲平：欧洲对华政策变化与中欧关系的强大韧性》，2022年3月25日，中国欧洲学会，http://caes.cssn.cn/yjdt/202203/t20220331_5401599.shtml。

[2] Samuel Pleeck and Mikaela Gavas, "A New Global Connectivity Strategy: The EU's Response to the BRI", https://www.cgdev.org/blog/new-global-connectivity-strategy-eus-response-bri.

至可以发挥枢纽的作用。中欧之间的政策沟通对于"一带一路"倡议的实施颇为关键。欧洲对华政策尚在变化之中,需要冷静观察欧盟对华政策变化对"一带一路"倡议的影响。"一带一路"倡议是一个各国发展政策协调、对接的国际合作平台。共建"一带一路"不仅是经济合作倡议,而且是完善全球发展模式和全球治理、推进经济全球化健康发展的重要途径,应避免渲染其地缘政治色彩,避免中国"威胁"论的干扰。中东欧国家一向是大国的角逐地,在安全上依赖美国主导的北约,在经济上依赖欧盟,在能源上从依赖俄罗斯走向能源独立。[1] 因此,在加强与中东欧国家合作的问题上,以不触动现有的地缘政治格局为上策。

2. 国际舆情的变化

"一带一路"倡议提出以来获得越来越多国家的赞同,然而,少数西方国家始终戴着有色眼镜看待"一带一路"倡议。"一带一路"倡议面临的不利舆情主要有以下两点。

其一,"全球战略论":某些西方媒体和观察家将"一带一路"倡议抹黑为中国主导世界的全球战略。2015 年 10 月 12 日,《金融时报》发表题为《中国的大博弈:通往新帝国之路》的文章。文章认为,中国欲打造新帝国,建立新的势力范围。[2] 一些国际问题专家从地缘政治棱镜观察"一带一路"倡议,认为"一带一路"倡议是中国改变国际秩序的全球战略。新丝绸之路是中国的地缘政治战略。美国政界不乏"一带一路"倡议是中国在改写世界秩序的声音,认为中国的新丝绸之路计划是对美

---

[1] 2022 年爆发的俄乌冲突加速欧盟能源独立,摆脱对俄罗斯的能源依赖,中东欧国家也走上能源去俄化的道路。

[2] Charles Clover and Lucy Hornby, "China's Great Game: Road to a New Empire", https://www.ft.com/content/6e098274 - 587a - 11e5 - a28b - 50226830d644.

国的挑战。美国和日本对"一带一路"倡议的意图抱有疑虑，渲染"一带一路"倡议有秘而不宣的目的，是中国军事扩张的手段。中国在东南亚和南亚的港口建设具有军事目的，旨在实施"珍珠链"战略。印度战略家、外交家和经济学家视"一带一路"倡议为地缘政治战略和地缘经济构想。①

其二，"政治影响说"：一些专家和分析家从西方殖民扩张和霸权转移的历史经验出发，认为，中国的"一带一路"倡议旨在谋取政治影响，扩大势力范围。新丝绸之路是中国在欧洲、亚洲和非洲活动的集合，是中国扩大全球影响的主要手段。例如，德国马歇尔基金会的莫汉认为，"一带一路"倡议对欧洲大陆以及欧洲在印度—太平洋贸易和能源通道的政治、经济和安全产生影响。"一带一路"通向欧洲，中国与欧洲的贸易与交通联系得到加强。中国投资于欧洲的关键经济部门如能源、电信和房地产等部门。伴随着中国在欧洲投资活动的增多，中国的政治影响日益明显，这对欧盟内部团结具有潜在的副作用。欧洲决策者意识到"一带一路"倡议的影响超出欧洲大陆，对亚洲和印度—太平洋的力量平衡和稳定的影响不容忽视。莫汉认为，"一带一路"倡议正在削弱欧盟的内部团结，影响欧洲安全，并且在欧洲和亚洲与欧洲的公司在贸易、投资和市场准入上形成竞争。②

"一带一路"倡议的对外传播需要恰当回应负面舆情。对于"一带一路"倡议遭遇的负面舆情，需要有所回应。针对"一带一路"倡议面临的负面舆情，从相关政府机构的负责人、政府机构新闻发言人以及国家级智库，需要不同层次地给予回应。

---

① Mala Sharma, India's Approach to China's Belt and Road Initiative—Opportunities and Concerns, *The Chinese Journal of Global Governance*, Vol. 5, No. 2, 2019, pp. 136 – 152.

② Carima Nlohan, "Europe's Response to the Belt and Road Initiative", https：//www.gmfus.org/news/europes-response-belt-and-road-initiative.

需要重点传播如下理念："一带一路"倡议并非中国的地缘政治战略，而是中国推动互联互通的全球发展倡议；"一带一路"倡议并非中国式的"马歇尔计划"，而是互利共赢的合作计划；"一带一路"倡议是包容性的合作倡议，并非排他性的合作倡议；"一带一路"倡议追求共同发展，无意输出中国模式；"一带一路"倡议为完善全球治理体系变革提供了新思路新方案，并未颠覆现有国际经济秩序。

3. "一带一路"倡议面临的其他挑战

国内国外两个大局如何协调？将中国西部地区的开放与"一带一路"倡议结合尚需要新的政策措施。"一带一路"建设过程中地方应该如何定位？陕西提出"建设丝绸之路新起点"（西安："丝绸之路经济带开发开放高地"）；宁夏提出"建设丝绸之路经济带的重要基地"；新疆提出"建设丝绸之路经济带上的核心区"；甘肃提出"打造丝绸之路经济带的黄金段"；青海提出"打造丝绸之路经济带的战略支点"。中国西部地区如何利用"一带一路"倡议带来的机遇以及共建"一带一路"合作国家如何利用西部大开发的机遇是值得思考的问题。

如何与不同的国际行为体打交道？"一带一路"倡议涉及151个国家，涉及东盟、上海合作组织、欧亚经济联盟和欧盟等国际行为体。与共建"一带一路"合作国家进行政策沟通，寻求"一带一路"倡议与其他国际行为体相关项目的对接不仅需要合作的政治意愿，而且需要对接的手段、方式和工具。

如何规避地缘政治风险？共建"一带一路"合作国家和地区的地缘政治的风险不容忽视。大国博弈引起的地缘政治风险值得关注，如中美关系的演化、中印关系的变化以及俄乌冲突导致的欧洲东部安全环境的变化。宗教极端主义和恐怖主义的威胁也需要引起警觉。失败国家的风险也需要给予关注。

政治逻辑与经济规律如何协调？"一带一路"倡议的产生

具有自身的内在逻辑，是中国为应对全球性的危机和挑战、推动全球化深入有序发展指出的"中国方案"。"一带一路"倡议需要国有企业和民营企业的参与，需要尊重经济规律。涉及欧亚大陆的基础设施建设的融资需要考虑资金的偿付能力。

二 "一带一路"倡议与中国—中东欧国家合作

早在"一带一路"倡议提出之前,2012年4月中国—中东欧国家合作机制就已形成。共建"一带一路"合作国家事实上也包括中东欧国家16国。2019年,希腊加入中国—中东欧国家合作机制。中东欧国家在"一带一路"倡议中的地位及作用值得进行深入的探讨。本章首先探讨中东欧国家在"一带一路"倡议中的地位,其次分析中国—中东欧国家合作机制的形成及其特征,最后考察"一带一路"倡议与中国—中东欧国家合作机制的关系。

(一) 中东欧国家在"一带一路"倡议中的地位

中东欧国家包括波兰、匈牙利、捷克、斯洛伐克、斯洛文尼亚、爱沙尼亚、拉脱维亚、立陶宛、保加利亚、罗马尼亚、克罗地亚、北马其顿、波黑、黑山、塞尔维亚和阿尔巴尼亚。上述16国是中国发展与中东欧国家务实合作的对象国。条条新丝绸之路通向欧洲,中国强调"一带一路"建设将连通亚太经济圈和欧洲经济圈,这无疑将为中东欧国家带来机遇。

从地理位置看,中东欧国家是连接欧亚大陆交通通道的必经之路,个别国家如波兰甚至可以发挥枢纽作用。中东欧国家独特的地理位置使之可以成为中国产品进入欧洲的门户。"一带一路"的终点为欧洲，无论是从连云港出发的新亚欧大陆桥，还是"渝新欧""汉新欧"和郑欧国际货运等国际铁路货运班列均经过波兰，蓉欧快铁的终点站为波兰罗兹，"苏满欧"货运班列的终点为波兰华沙。波兰明确表示期望成为"一带一路"在中东欧的物流中心。中东欧国家可以从便捷而高效的欧亚交通走廊中获益。高效便捷的欧亚交通走廊有助于中东欧国家加强与中国以及中亚的经济联系，有助于降低物流成本，增加双边贸易。

中东欧国家可通过欧亚交通走廊扩大对华出口。中东欧国家的基础设施建设落后于西欧，其基础设施建设或更新具有实际需求。"一带一路"倡议有可能为中东欧国家基础设施的建设或更新创造新的机会。无论是中东欧的欧盟成员国还是未入盟的西巴尔干国家，基础设施如公路、铁路、港口等的建设均有现代化需求。对中国"一带一路"倡议带来的潜在的商业机会，中东欧国家表示欢迎，并会利用商业机会。从贸易和投资的潜力看，中东欧国家可成为中国的重要经济伙伴。

中东欧国家可以利用丝绸之路经济带建设为西部大开发带来机遇。丝绸之路经济带的构想将西部开发与中国的对外战略相结合，为西部地区的发展创造了难得的历史机遇。中东欧国家的企业家可以借机在西部拓展市场，寻求投资机会。以波兰为例，波中贸易2/3集中在东部发达地区，与西部省份的贸易只占贸易额的0.7%。地方合作也主要集中在东部地区。

中东欧国家在共建"一带一路"上具有强烈的政治意愿。截至2017年11月，中东欧16国均与中国签署了加强"一带一路"合作的谅解备忘录。"一带一路"倡议提出之初，不同的中东欧国家对"一带一路"建设有不同的期待。匈牙利希望成为连接中国与欧洲的走廊，捷克希望成为中国面向中东欧的金融中心和物流中心，波兰希望波兰企业从"一带一路"倡议中获益、与中国企业建立长期和富有成效的伙伴关系，西巴尔干国家则希望中国参与其基础设施项目，中东欧国家视"一带一路"倡议为发展中国与中东欧国家合作的机会之窗。

（二）"一带一路"倡议与中国—中东欧国家合作机制

从时间顺序看，中国—中东欧国家合作机制先于"一带一路"倡议。2012年4月，时任中国国务院总理温家宝正式访问波兰，还出席了中国—中东欧国家领导人会晤和经贸论坛，开启了中国与中东欧国家合作的新时期，中国—中东欧国家合作机制正式启动。2013年国家主席习近平先后提出共建丝绸之路经济带和21世纪海上丝绸之路重大倡议，"一带一路"倡议逐渐成形。"一带一路"倡议提出后，促进"一带一路"倡议与中国—中东欧国家合作的对接提上议事日程。习近平主席2015年11月会见中东欧国家领导人时强调要实现中国—中东欧国家合作与"一带一路"建设充分对接。①

中国—中东欧国家合作可在以下三个方面发挥作用。

首先，中国—中东欧国家合作机制可以成为"一带一路"倡议政策沟通的平台。"一带一路"倡议的落实离不开政策沟通。通过中国—中东欧国家合作机制，中国可以与中东欧国家就相关的政策进行沟通，就经济发展的政策和战略进行充分的交流，以寻求双方在经济发展战略的对接。

其次，中国—中东欧国家合作机制可以成为探寻"一带一路"建设项目的平台。中国已经与中东欧国家签署了共同推进

---

① 《习近平集体会见出席第四次中国—中东欧国家领导人会晤的中东欧国家领导人》，外交部网站，http：//www.mfa.gov.cn/web/zyxw/201511/t20151126_335827.shtml。

"一带一路"建设的谅解备忘录，双方合作的意愿非常强烈。中国与中东欧国家在基础设施、能源、产能等领域具有合作潜力，"一带一路"倡议的落实需要项目的支撑。要将合作的潜力转化为可行的互利共赢的合作项目需要做大量的工作。中国—中东欧国家合作机制可以为探寻"一带一路"建设项目发挥其作用，一些跨国的合作项目如匈塞铁路以及中欧陆海快线等更加需要中国—中东欧国家合作机制的介入。

最后，中国—中东欧国家合作机制可成为中欧在"一带一路"倡议合作的平台。中国与中东欧国家的合作是中欧关系的重要组成部分，中国—中东欧国家合作的深化有助于中欧关系的均衡稳定发展。2015年中欧决定将"一带一路"倡议同欧洲投资计划有效对接，建立中欧互联互通平台。中方对中欧互联互通平台在中国—中东欧国家合作框架内取得成果抱有期待。

在"一带一路"建设取得巨大成就的同时，某些西方国家仍对"一带一路"倡议抱有戒心，经常发出一些不和谐的声音，为此需要就"一带一路"倡议做好沟通与解释工作。"一带一路"倡议是以互利共赢为目标的经济合作倡议，而非地缘政治战略；"一带一路"倡议是开放包容的发展平台，非排他性的安排；"一带一路"倡议是促进相关国家互利共赢发展的合作倡议，非中国版的"马歇尔计划"；"一带一路"倡议使中国更好地融入全球经济，中国发起成立的国际金融机构如亚洲基础设施投资银行和丝路基金在现有国际金融体系下运作，无意削弱和动摇现有国际经济秩序；"一带一路"倡议是全面的倡议，包括政治合作、政策对话、贸易投资、基础设施建设、互联互通、人文交流，不只涉及经济方面；"一带一路"倡议包括国际和国内两个层面；"一带一路"倡议是一个长期的愿景，而非短期的政策选择；"一带一路"倡议秉承古代丝绸之路经济合作与文化交流的精神，促进贸易与和平合作，倡导文化互鉴。中东欧国家可成为中国"一带一路"倡议的重要合作伙伴，迄今为止，中东欧国家均与中国签署共建"一带一路"谅解备忘录。中国—中东欧国家合作机制可以成为增进中国与中东欧国家在"一带一路"建设合作的平台，中国和中东欧国家可以在此框架内进行政策对话、项目探寻以及项目合作。"一带一路"倡议提出已历时十年，由于国际环境的变化，"一带一路"倡议的落实面临着更加复杂的形势。要使"一带一路"倡议结出丰硕的合作成果，中国—中东欧国家合作机制与"一带一路"倡议有效对接尚需付出艰巨的努力。

（三）中国—中东欧国家合作机制的形成

中国—中东欧国家合作机制的形成是中国外交的一大成就。中国—中东欧国家合作机制是指 2012 年 4 月之后在中国与中东欧国家之间形成的各种机制或安排。中国与中东欧国家之间政府间网络的形成是中国与中东欧国家关系的一大进展。2012 年 9 月 6 日，外交部中国—中东欧国家合作秘书处正式成立，外交部副部长担任秘书长。中国—中东欧国家合作秘书处为发展中国与中东欧国家的双边和多边关系提供了有益的平台。根据中国的建议，16 个中东欧国家可基于自愿原则，指定相关部门和人员参加秘书处的工作。为促进合作，中东欧国家均指定了国家协调员。国家协调员会议成为中国与中东欧国家之间政策沟通和立场协调的平台。自 2012 年起，中国—中东欧国家合作机制为中东欧国家所接受，中国—中东欧国家合作机制的发展进入快车道。在过去十年间，一年一度的中国—中东欧国家领导人会晤成为惯例（2020 年受新冠疫情影响未举行），中国与中东欧国家间形成了不同的合作机制。与单方面的 12 项举措不同，《布加勒斯特纲要》《贝尔格莱德纲要》《苏州纲要》《里加纲要》《布达佩斯纲要》《索菲亚纲要》和《杜布罗夫尼克纲要》成为中国与中东欧国家对合作的共同承诺。

中国与中东欧国家关系的升温源于中国与中东欧国家之间的相互重新发现。[①] 中国对中东欧国家的重新发现集中体现在如下三个方面：第一，中东欧国家特别是欧盟新成员国可在欧洲发挥重要作用。欧盟在中东欧的三轮扩大后，已有11个中东欧国家加入欧盟，成为欧盟成员国。其他5个西巴尔干国家也以加入欧盟为目标。第二，中东欧国家可成为中国与欧洲合作的桥头堡。中东欧国家地理位置优越，便利的交通设施将这些国家与西欧连接起来，欧洲一体化进程使中东欧市场成为欧洲市场的重要组成部分。第三，中东欧国家实现了经济体制的转型，建立了市场经济体制，一些成员国取得了经济上的成功。尽管中东欧国家遭受了国际金融危机和欧元区债务危机的冲击，但其经济的恢复能力较强，如果实行合理的经济政策，这些国家的经济仍具有良好的发展前景。中东欧国家对中国的重新发现体现在以下三个方面：第一，中国已经成为全球化进程中的重要力量。中东欧国家的政治精英注意到全球经济版图的变化以及中国在其中的作用。2010年12月，匈牙利总理欧尔班在上海世博会发表主旨演讲，称亚洲巨子处在世界地缘政治变化的中心。他指出"新的权力引擎正在出现，经济政策的新的观念和构想占据主导地位。我们都非常清楚，世界正在经历快速而深刻的变革，中国在这些变革中发挥关键作用"[②]。波兰前总统克瓦希涅夫斯基认

[①] 崔洪建：《中国与中东欧之间的"重新发现"》，http：//news.xinhuanet.com/world/2012－09/07/c_123686311.htm。

[②] "China：Hungarian Prime Minister Viktor Orban Meets Premier Wen Jiabao and Gives Keynote Speech on Final Day of Shanghai Expo 2010"，http：//www.itnsource.com/shotlist/RTV/2010/11/01/RTV2775010/? v＝1.

为,"世界正在向多极化的方向前进,美国、欧洲以及像中国、印度或巴西这样的强国将在多极化世界中扮演重要的角色。中国或欧洲都能够在这世界里拥有强有力的地位"①。来自波兰的贝阿塔·斯泰尔玛赫认为,"中国是亚洲经济增长的领导者,就像我们的国家一样(波兰是中东欧经济增长的领导者)。不论是对进口商、出口商或是投资企业而言,中国的经济增长使其成为非常具有吸引力的合作伙伴。因此我们必须进一步思考在我们之间的潜在合作领域"②。第二,一些中东欧国家的专业人士认为中国巨额的贸易盈余和外汇储备使中国可以扩大在欧洲的经济存在。其中最有前景的领域是铁路的现代化、高铁的引进、道路和航空基础建设项目、能源工业、矿业和造船业等。第三,中国应当被视为中东欧国家重要的经济伙伴。尽管中国与中东欧国家相距遥远,中国经济的高速增长以及中国的巨大市场为中东欧国家企业提供了机会。一些决策者意识到中东欧国家可以从与中国的密切经济合作中获益,认为应当挖掘与中国经济合作的潜力。

2003 年和 2014 年,中国政府先后发表了两份对欧盟政策文件,为促进中欧关系提供了重要指导。2003 年 10 月中国政府首次发表的《中国对欧盟政策文件》昭示了中国对欧盟的政策目标。文件指出,"2004 年,欧盟将扩至 25 国。一个囊括东西欧、面积 400 万平方千米、人口 4.5 亿、国内生产总值逾 10 万亿美元的新欧盟行将出现"③。文件强调"深化同欧盟各成员国,包括新成员国的关系,维护中欧总体关系的稳定性和连续性",首

---

① 《来自欧洲和波兰的观点:聚焦中国》,《智库》杂志波中合作专辑,2011 年。
② 《来自欧洲和波兰的观点:聚焦中国》,《智库》杂志波中合作专辑,2011 年。
③ 《中国对欧政策文件》,2003 年 10 月,新华社,http://news.xinhuanet.com/world/2003 - 10/13/content_ 1120641. htm。

次提到与新成员国的关系。① 这意味着中国将即将入盟的中东欧国家纳入对欧政策的框架之中。与中东欧国家的关系嵌入了中欧关系的战略框架之中。中国的对欧政策可分为不同的层次：与欧盟机构的关系；与欧盟大国的关系（德国、法国和英国）；与次区域的关系（南欧、北欧和中东欧）。中国—中东欧国家合作机制给予了中东欧国家在中国外交政策中独特的地位。

中国作为世界经济强国的崛起是全球力量转移的最重要因素之一。快速经济增长和人民福利的改进可以归因于正确的经济改革战略、健全的经济政策、对外部世界的开放和过去30年来的全球化进程中的积极参与。2010年，中国名义GDP超越日本，成为世界第二大经济体。中国已成为全球制造业的中心，制造业居世界第一。改革开放之后，一批具有创新和有竞争力的企业应运而生。这些公司的价值链向上移动，与其他在中国和世界各地的公司展开竞争。2001年年底中国加入世贸组织是推动外贸增长的里程碑事件。2002年中国又提出"走出去"战略，鼓励中国企业开拓全球市场，包括中东欧国家。在中国加入世贸组织之前的十年，中国外贸平均年增长率为15.5%。在2002—2011年，加入后的十年，平均年增长率增加至22.6%。国际金融危机爆发后，中国的对外贸易增速放缓。受美国次贷危机的冲击，2009年中国的进出口下降了13.9%。入世十年后，中国成为全球最大的出口国和第二大进口国。2012年从进出口总额看，中国超过美国，成为全球最大的贸易国家。当年美国的进出口总额为3.82万亿美元，而中国的进出口总额达到3.87万亿美元。根据美联社报道，2006年美国是127个国家最大的贸易伙伴，中国是70个国家最大的贸易伙伴。到2011年，中国是124个国家最大的贸易伙伴，而美国是76个国家最大的

---

① 《中国对欧政策文件》，2003年10月，新华社，http：//news.xinhuanet.com/world/2003-10/13/content_1120641_1.htm。

贸易伙伴。无疑，中国已经成为名副其实的贸易大国。2013年中国进出口贸易总额达到4.16万亿美元，而此前美国商务部公布的货物贸易总额为3.91万亿美元。数据对比，中国超过美国成为世界第一大商品贸易国。中国已完全融入全球经济，中东欧国家作为欧洲新兴市场的组成部分不可能长期被忽视。

遭受国际金融危机冲击的中东欧国家转向中国寻求经济合作，以促进贸易和投资。2010年欧尔班上台执政，匈牙利推出向东开放政策。时任国务院总理温家宝访问匈牙利时，匈牙利表示愿意充当中国在东南欧经济、金融和物流的桥头堡。一些中东欧国家重申，它们可以充当中国进入欧盟市场的门户。作为国际金融危机的后果，尤其是欧元区债务危机，西方需求下降迫使中东欧国家企业寻找欧洲以外的市场，中国作为最大的新兴市场国家理所当然成为其选项。中东欧国家积极寻求深化经济关系的途径，波兰发起"到中国去"战略旨在鼓励波兰企业家与中国的商业伙伴合作，探索蓬勃发展的中国市场。在捷克共和国举行的中国投资论坛旨在推动中国和捷克共和国的经济关系。政治领导人和企业领导人表现出发展经济和贸易关系的意愿。2012—2016年，中国与中东欧国家合作的机会之窗已经打开。

（四）中国—中东欧国家合作机制的基本特征

为了更好地理解中国—中东欧国家合作机制，有必要概述中国—中东欧国家合作机制的基本特征。中国—中东欧国家合作机制非常独特，无论是集团还是国际组织均无法概括其特征。

中国—中东欧国家合作机制具有如下特征。

1. 平等的伙伴关系。尽管无论从面积、人口和经济规模看，中国均大于中东欧国家或中东欧16国的总和，但是中国寻求与中东欧国家在平等的基础上建立伙伴关系。中国在对外交往中，坚持大小国家一律平等的原则。在中国—中东欧国家合作机制中，每个国家都是平等的伙伴。每个国家均可利用中国—中东欧国家合作机制增进其国家利益。中国—中东欧国家合作机制基于自愿的原则。在中国外交部建立中国—中东欧国家合作秘书处之后，中东欧国家可基于自愿原则指定相关机构或协调员参与秘书处的工作。关于中国—中东欧国家不同的合作机制，中东欧国家可自愿参加，中国不会将其意愿强加给中东欧国家。中东欧16国被视为中国—中东欧国家合作机制的平等伙伴。

2. 松散的机制化。中国—中东欧国家合作已沿松散的机制化方向演进。中国—中东欧国家合作机制不同的制度安排并非紧密型的，每个国家或相关机构可决定是否参加相关的合作机制。中国—中东欧国家领导人会晤每年举行一次，中国—中东欧国家经贸论坛在领导人会晤期间举行。在领导人会晤之前，通常会举行国家协调员会议，就相关问题协调立场，为领导人会晤做准备。值得注意的是，中国与中东欧国家之间在特定领域的合作日益机制化，通常不同领域的机制化采取协会（联合会）、论坛或网络等形式。近年来，中国与中东欧国家在特定领域合作的松散机制化成为中国与中东欧国家关系的一种新现象。2014年5月，中国—中东欧国家旅游促进机构和旅游企业联合会协调中心在匈牙利布达佩斯成立。该中心致力于中国—中东欧国家旅游资源的整合，推动中国与中东欧国家的旅游合作。2014年9月，中国和中东欧国家地方省州长联合会在捷克布拉格成立，成为中国与中东欧地方合作的重要平台。当月，中国—中东欧国家投促机构联系机制形成，秘书处分别设在北京和华沙。中国—中东欧国家高校联合会也于9月成立。2014年12月，中国国际贸易促进委员会与波兰企业发展局共同签署了《关于共同推动建立中国—中东欧国家联合商会的谅解备忘录》，中国—中东欧国家联合商会正式成立。联合商会的执行机构设于波兰首都华沙，中方秘书处设于中国贸促会。2015年6月，中国—中东欧国家农业合作促进联合会在保加利亚的首都索非亚成立。2015年9月，中国—中东欧国家合作技术转移中心（"中国—中东欧国家技转中心"）在斯洛伐克成立。"中国—中东欧国家技转中心"秘书处职能由斯洛伐克科技信息中心（代表中东欧16国）及中国科学技术部（代表中国）行使。

值得注意的是，在2015年11月举行的中国—中东欧国家领导人苏州会晤通过的《苏州纲要》明确支持中国与中东欧国家特定领域合作的机制化。如《苏州纲要》表示支持塞尔维亚牵头组建中国—中东欧国家交通基础设施联合会，支持拉脱维亚牵头组建中国—中东欧国家物流合作联合会，支持斯洛文尼亚牵头组建中国—中东欧国家林业合作协调机制。《苏州纲要》表示欢迎中国社会科学院牵头组建中国—中东欧国家智库交流与合作网络。2015年12月宣告成立的中国—中东欧国家智库交流合作网络将为深化中国—中东欧国家合作提供智力支撑，将成为引领中国与中东欧国家智库交流的高端平台。

苏州会晤通过的《中国—中东欧国家合作中期规划》充分肯定了特定领域合作的重要性，强调领域合作联合会是中国—中东欧国家合作的支柱。该规划明确表示鼓励组建新的领域合作平台。中国与中东欧国家特定领域的合作秉持平等协商、优势互补和合作共赢的原则，领域合作平台的参加基于自愿原则，因此可称之为松散的机制化。特定领域合作的机制化为中国—中东欧国家之间特定领域的合作提供了信息交流与机会共享的平台，有助于进一步挖掘中国与中东欧国家在不同领域的合作潜力，巩固中国—中东欧国家合作的基础，推动中国—中东欧国家合作的进一步深化。

表 2-1　　　　　中国与中东欧国家特定领域合作的机制化

机制	牵头国家（机构）	进度
中国—中东欧国家旅游促进机构和旅游企业联合会协调中心	匈牙利	已建立
中国—中东欧国家高校联合会	轮值（高校）	已建立
中国—中东欧国家投资促进机构联系机制	波兰和中国（秘书处）	已建立
中国—中东欧国家联合商会	波兰（执行机构）中国（秘书处）	已建立
中国—中东欧国家交通基础设施合作联合会	塞尔维亚	筹备
中国—中东欧国家农业合作促进联合会	保加利亚	已建立
中国—中东欧国家地方省州长联合会	捷克	已建立
中国—中东欧国家技术转移中心	斯洛伐克（科技信息中心，秘书处）中国（科学技术部，秘书处）	已建立
中国—中东欧国家物流合作联合会	拉脱维亚	已建立
中国—中东欧国家智库交流与合作网络	中国（中国社会科学院）	已建立
中国—中东欧国家林业合作协调机制	斯洛文尼亚	已建立
中国—中东欧国家卫生合作促进联合会	中国	已建立
中国—中东欧国家海事与内河航运秘书处	波兰	已建立
中国—中东欧国家能源中心	中国（电力规划设计院）、罗马尼亚（罗马尼亚能源中心）	已建立
中国—中东欧国家中小企业合作协调机制	克罗地亚	已建立
中国—中东欧国家银行联合体	中国（国家开发银行）、匈牙利（匈牙利开发银行）	已建立
中国—中东欧国家文化合作协调中心	北马其顿	已建立
中国—中东欧国家环保合作机制	黑山	已建立

资料来源：笔者根据公开信息整理。

3. 合作的全面性。中国—中东欧国家合作机制包括了诸多合作领域，如政治对话、经济合作和人文交流等。合作的重点领域有互联互通、贸易与投资，金融合作、科技合作、人文交流等。

中国—中东欧国家合作机制促进了中国与中东欧国家的政治对话。中国—中东欧国家合作机制是中国与中东欧国家进行高层政治对话的平台。在2012年之前，中国与中东欧国家之间的高层互访并不频繁，中东欧国家在中国国家领导人出访日程中并不占有优先的位置。如2012年时任总理温家宝访问波兰是25年间中国总理对波兰的首次访问。中国—中东欧国家合作机制形成后，一年一度的中国—中东欧国家领导人会晤为总理层级的政治对话提供了机会。

互联互通是中国和中东欧国家共同关注的领域。中国已与塞尔维亚和匈牙利签署了匈塞铁路建设的合作协议。2015年11月，中国政府与匈牙利政府在苏州会晤上签署了《关于匈塞铁路项目匈牙利段开发、建设和融资合作的协议》。2015年12月，中国国家铁路集团有限公司承建的匈塞铁路塞尔维亚段正式启动。2014年中国提出的连接匈塞铁路与希腊比雷埃夫斯港的中欧陆海快线也获得了相关国家的积极回应。

贸易与投资是中国—中东欧国家合作的重点领域。2012—2020年，中国与中东欧17国贸易年均增速8%，是中国与欧盟贸易增速的2倍以上。中国从中东欧国家的进口增幅高出出口增幅22个百分点。2020年，中国与中东欧17国贸易额首次突破千亿美元，达到1034.5亿美元，其中中国自中东欧国家进口增幅高达44.7%。2021年，中国—中东欧双边贸易总额为1240.2亿美元，同比增长29.7%。其中，双边农产品贸易总额为15.7亿美元，增长13.9%，其中，出口7.8亿美元，同比增长6%；进口7.9亿美元，同比增长23.1%。中国与中东欧国家的双向投资活动日益活跃。根据中国商务部2021年5月的信息，中国同中东欧国家双向投资规模已接近200亿美元，涉及汽车零部件、装备制造、化工、家电、物流、矿产、商务合作等多个领域。① 中国企业在中东欧国家既有并购，又有绿地投资。近年来，中国在中东欧国家的投资活动增加。2016年中国河钢集团以4600万欧元收购塞尔维亚斯梅代雷沃钢铁厂。该项目保留其5000名员工，五年实现销售收入46.59亿美元，连续三年成为塞尔维亚最大的出口企业。斯梅代雷沃钢铁厂项目成为国际产能合作和"一带一路"建设样板工程的典范。2019年中国敏实集团投资1亿欧元在塞尔维亚建厂，2022年3月敏实集团塞尔维亚洛兹尼察汽车零部件工厂举行开业典礼。2019年山东玲珑轮胎股份有限公司投资8亿欧元在塞尔维亚建厂，首座工厂已于2021年建造完工，并且开启了投产模式。2021年10月，紫金矿业投资4.74亿美元新建的塞尔维亚丘卡卢·佩吉铜金矿正式投产。2022年9月，中国动力电池制造商宁德时代在匈牙利德布勒森投资的新能源电池产业基地项目正式启动，项目投资金额为73.4亿欧元。中国积极参与西巴尔干国家的多个基础设施项目和能源项目，中国提供的优惠贷款在塞尔维亚、黑山和北马其顿获得利用。

4. 多功能的安排。中国—中东欧国家合作获得中东欧16国的认同，成为中国与中东欧国家的共同事业。中国—中东欧国家合作机制可发挥多种功能。首先，中国—中东欧国家合作机制是中国加强与中东欧国家双边关系的重要手段；其次，中国—中东欧国家合作机制可推动涉及中东欧多个国家合作项目的落实；最后，中国—中东欧国家合作机制也有利于促进中欧关系的发展。《贝尔格莱德纲要》强调中国—中东欧国家合作与中欧关系并行不悖，确认致力于本着平等相待、相互尊重、相互信任的原则深化和平、增长、改革、文明四大伙伴关系，为

---

① 《任鸿斌出席国新办发布会介绍第二届中国—中东欧国家博览会暨国际消费品博览会有关情况》，商务部网站，http://interview.mofcom.gov.cn/detail/202105/ff808081795ebb87017963a9eaac0003.html。

落实《中欧合作 2020 战略规划》做出应有贡献。①

2012 年中国—中东欧国家合作机制形成之初,欧盟和一些成员国对此疑虑重重。尽管在第一届中国—中东欧国家领导人会晤新闻公报明确强调中国—中东欧国家关系是中欧关系的重要组成部分,但是一些观察家还是误认为中国对欧洲实行"分而治之"的策略。随着时间的推移,人们越来越清楚中国—中东欧国家合作机制不对中欧关系构成任何威胁,中国以实际行动回应欧盟的关切。《布加勒斯特纲要》强调"中国—中东欧国家合作与中欧全面战略伙伴关系相辅相成,并行不悖"②。阿尔巴尼亚前总统迈达尼认为,"中东欧国家与中国的合作不会削弱欧盟的政策。布鲁塞尔官僚机构提出的关切没有意义。除欧盟的中国政策即所有 28 国的总体框架外,事实上,每个成员国都实行自己对中国的双边政策。同样,11 个欧盟的中东欧成员国或 5 个潜在的候选国也急于利用中国对中东欧地区日益增加的兴趣"③。中东欧国家通过中国—中东欧国家机制加强合作的政治意愿得到增强。正如波兰前外交部部长西科尔斯基所言,"我们地区与中国的联系越多,欧盟与中国的关系就越好"④。值得

---

① 《中国—中东欧国家合作贝尔格莱德纲要》,新华社,http://news.xinhuanet.com/world/2014-12/17/c_1113667695.htm。

② "The Bucharest Guidelines for Cooperation between China and Central and Eastern European Countries", http://gov.ro/en/news/the-bucharest-guidelines-for-cooperation-between-china-and-central-and-eastern-european-countries.

③ "Remarks by Mr Rexhep Meidani, Former President of Albania, Report on the 2nd High Level Symposium of Think Tanks of the People's Republic of China and Central and Eastern European Countries", Bled, Slovenia, 2 and 3 September 2014.

④ "Draft speech of Minister Radosław Sikorski at the opening of the conference 'China-Europe: New Approach for a New Time'", China V4 Think-tank Round Table, Beijing, 13 September 2012, http://www.msz.gov.pl/resource/5f52157d-4300-4661-9078-e588ab7201fb.

注意的是，不同的中东欧国家对中国—中东欧国家合作平台的期待不尽相同。值得注意的是，最近几年有些中东欧国家对中国—中东欧合作的积极性有所下降。

5. 良好的规划性。中国—中东欧国家合作机制以特定目标为导向。具有良好的规划性。从第二次中国—中东欧国家领导人会晤开始，峰会均会发布以会晤地点命名的纲要。纲要事实上是下一年度推进合作的工作计划。2013年的布加勒斯特峰会通过《布加勒斯特纲要》，2014年的贝尔格莱德峰会通过《贝尔格莱德纲要》，2015年的苏州峰会通过《苏州纲要》，2016年里加峰会通过《里加纲要》，2017年布达佩斯峰会通过《布达佩斯纲要》，2018年索非亚峰会通过《索非亚纲要》，2019年杜布罗夫尼克峰会通过《杜布罗夫尼克纲要》。苏州峰会还通过《中国—中东欧国家合作中期规划》，该规划旨在明确2015—2020年的工作方向。这一规划指出，中国—中东欧国家合作将努力推动重要的国别和区域项目。中国—中东欧国家合作不替代现有双边合作机制或平台，二者相互补充、相互促进，加快提升中国同中东欧国家的关系水平和规模。中国—中东欧国家合作将与欧盟重大倡议和规划对接，有效促进中欧和平、增长、改革、文明四大伙伴关系。欢迎和支持建立中欧互联互通平台。中国—中东欧国家合作将充分把握"一带一路"建设带来的重要契机，不断拓展合作空间，同时为"一带一路"建设做出更多贡献。[①]

6. 合作伙伴之间的不对称性。波兰学者瑞德兴指出了波中关系的六个不对称性：政府权能的不对称性、规划时间的不对称性、前景和优先合作对象的不对称性、政治文化的不对称性、

---

① 《中国—中东欧国家合作中期规划》，新华社，http：//news.xinhuanet.com/2015-11/25/c_128464366.htm。

规模的不对称性、贸易的不对称性（贸易不平衡）。① 其实，中国与其他中东欧国家之间也存在类似的不对称性。在中国—中东欧国家合作机制中，中国要面对不同的合作伙伴。面对合作伙伴之间的不对称性，如何发挥中国—中东欧国家合作的整体效应是中国—中东欧国家合作面临的日常挑战。朱晓中研究员也指出了中国与中东欧国家关系存在的若干不均衡，如国情与价值观的不均衡、战略需求不均衡、贸易关系不均衡、对话关系不均衡。② 应对这些不对称性和不均衡是中国与中东欧国家关系面临的重要挑战。

中国—中东欧国家合作机制不仅促进了中国与中东欧区域的合作，成为中国与中东欧国家合作的重要平台，而且还推动了中国与欧洲次区域的合作，丰富并创新了区域合作的经验。③

（五）对中国—中东欧国家合作模式的顶层设计与已有研究

自中国—中东欧国家合作机制形成以来，国内外的政府部门和学术界均对这一合作机制给予了极大关注。中国政府致力于将其打造为中国外交的创新之举，并不断推动这一合作的发展演变，完善这一合作的顶层设计内容。国内学术界也积极献计献策，提供智力支撑。中国—中东欧国家合作并不仅限于贸

---

① Radoslan Pyffel, "Seven Asymmetries in Polish-Chinese Relations—how to Deal With Them?", http://www.polska-azja.pl/2015/04/08/r-pyffel-seven-asymmetries-in-polish-chinese-relations-how-to-deal-with-them/.
② 朱晓中:《1990年以来中国—中东欧国家关系的新发展》,《中国国际战略评论2015》, 2016年11月15日。
③ 黄平、刘作奎:《中国—中东欧国家(16+1)合作五年成就报告: 2012—2017年》, 社会科学文献出版社2018年版, 第7—13页。

易、投资与人文交流等内容，对中国—中东欧国家合作模式的研究尚可进一步拓展和深化。此外，受全球地缘政治变化的影响，近年来一些中东欧国家的对华政策出现变化甚至转向。这一现象不仅需要从地缘政治的角度进行阐释与反思，也应对中国与这些国家的合作模式进行研究。中东欧国家、欧盟等利益相关方对合作模式的认知同样关系到中国—中东欧国家合作机制的未来发展。因此，本小节将梳理关于中国—中东欧国家合作已有的顶层设计与国内外关于合作模式的研究，以为接下来的研究奠定基础。

1. 中国关于中国—中东欧国家合作模式的顶层设计

在2021年2月的世界经济论坛上，习近平主席阐述了中国外交的发展方向。习近平主席明确指出："世界上的问题错综复杂，解决问题的出路是维护和践行多边主义。多边主义的要义是国际上的事由大家共同商量着办，世界前途命运由各国共同掌握。不能以多边主义之名、行单边主义之实。'有选择的多边主义'不应成为我们的选择。"[1] 时任国务委员兼外交部部长王毅则在慕尼黑安全大会上表示，中国将继续高举多边主义旗帜，以实际行动支持以联合国为核心的多边机制工作，继续做世界和平的建设者、全球发展的贡献者、国际秩序的维护者和公共产品的提供者。[2]

可见，倡导和践行真正的多边主义已成为中国特色大国外

---

[1] 习近平：《让多边主义的火炬照亮人类前行之路——在世界经济论坛"达沃斯议程"对话会上的特别致辞》，2021年8月19日，中国政府网，http://www.gov.cn/gongbao/content/2021/content_5585225.htm。

[2] 王毅：《团结起来 践行真正的多边主义——在安理会"维护国际和平与安全：维护多边主义和以联合国为核心的国际体系"高级别会议上的发言》，2021年8月19日，外交部网站，https://www.fmprc.gov.cn/web/wjbzhd/t1874345.shtml。

交的主要方向与原则。在中欧关系框架下的中国与中东欧国家合作同样如此。其多边主义主要体现在参与方广泛和协商机制充分两个方面。一是成员国广泛。在2012年中国—中东欧国家合作机制成立之初,便已经涵盖了中国与16个中东欧国家(波兰、捷克、斯洛伐克、匈牙利、斯洛文尼亚、克罗地亚、波黑、塞尔维亚、黑山、罗马尼亚、保加利亚、阿尔巴尼亚、北马其顿、爱沙尼亚、立陶宛和拉脱维亚)。2019年希腊正式加入,成为第17个参与国。此外,该合作还有5个观察员:奥地利、白俄罗斯、欧盟、瑞士和欧洲复兴开发银行。二是协商机制平等。中国—中东欧国家合作机制秉承共商共建、务实均衡、开放包容、创新进取的合作原则,坚持相互尊重,合作不附带政治条件。除领导人峰会外,旅游、基建、金融、农业、智库等领域的各种专业性合作平台陆续建立,为参与国提供了广泛的发言机会。对此,习近平主席在2021年2月中国—中东欧国家领导人峰会上做出了深刻总结,即中国—中东欧国家合作是多边主义的生动实践。中国—中东欧国家合作符合参与国的共同利益和可持续发展的愿望,同双边关系相互促进,也为中欧关系提供了有益补充。[①]

2021年,中国与中东欧国家合作又增加了新的内涵,即跨区域合作。习近平主席在中国—中东欧国家领导人峰会上首次明确提出,中国—中东欧国家合作是具有重要影响力的跨区域合作平台。[②] 这一"新兴跨区域合作机制"是中国与中东欧国家合作在当前大国关系出现新变局背景下的新定位。这一跨区

---

① 习近平:《习近平:中国—中东欧国家合作是多边主义的生动实践》,2021年2月9日,中国政府网,http://www.gov.cn/xinwen/2021-02/09/content_5586381.htm。

② 习近平:《凝心聚力,继往开来,携手共谱合作新篇章——在中国—中东欧国家领导人峰会上的主旨讲话》,2021年2月9日,中国政府网,http://www.gov.cn/gongbao/content/2021/content_5588813.htm。

域合作机制的特点主要体现在两个方面：一是欧亚两个大洲的跨区域。中国位于亚洲东部，中东欧国家分别位于欧洲北部、中部和东南部。二是欧洲内部的跨区域。中东欧国家对各自在欧洲的认知并不相同，且很多国家并不认为自己属于"中东欧国家"这个概念范畴。在波罗的海三国看来，它们是北欧国家。在波兰、匈牙利、捷克、斯洛伐克和斯洛文尼亚看来，它们属于中欧国家。在塞尔维亚、罗马尼亚、克罗地亚等国看来，它们属于东南欧国家。自此，多边的跨区域合作成为对中国与中东欧国家合作模式的顶层设计。

2. 西方对中国—中东欧国家合作模式的认知

欧洲对于多边的跨区域合作并不陌生。19世纪为了解决拿破仑战争后的一系列问题，欧洲各国召开了维也纳会议及之后的一系列会议，并成立了欧洲协调。第一次世界大战结束后各国联合成立了国际联盟。如今欧盟在一定意义上也是多边组织。但是，欧洲某些国家并没有自然地将中国—中东欧国家合作看作一种多边的跨区域合作，反而抹黑称该合作是中国的"一言堂"，是中国主导的单边主义。

3. 国内外学界对中国—中东欧国家合作模式的研究

由上述分析可知，中国将多边主义与跨区域合作定义为当前中国—中东欧国家合作模式的核心属性。欧洲某些国家则并不完全认同这一多边主义属性，但对跨区域合作这一属性尚未做出明确表态。从学术角度来看，中欧双方对多边主义和跨区域主义这两个概念的认知确实存在一定分歧。国内对多边跨区域合作的已有研究更多停留在解释外方疑虑的层面，而并没有为这一作为研究对象的合作模式提供一个调和的、完整的理论框架。因此，当前有必要从多边主义和跨区域合作的角度出发，进一步完善、深化对中国—中东欧国家合作模式的研究，进而为中欧双方的政策沟通奠定基础。

（1）国内外关于多边主义的研究

具体而言，国内外研究对多边主义起源的观点存在一定分歧。国内研究认为多边主义源于全球秩序多元化的客观需要。美国霸权秩序所需要的基本条件或是不复存在，或是十分脆弱，所以，美国霸权地位以及与之相关的美国霸权秩序已告终结。后霸权时代所呈现的是一个多元的世界。多种多样的国际和全球行为体共处并存。① 国外研究认为，多边主义最早起源于各国对产权的安排与保护。各国依靠多边协定来促进商业往来。到了近代，多边主义演变为实体，即国际社会的各类多边主义机构，如联合国等。多边主义自此承担起了各类集体性任务。但从发展历程来看，大国承担多边主义的任务更多是迫于形势，而非主动为之。② 也有研究指出，第二次世界大战后，多边主义依靠区域主义得以复兴，因为早期各国实行区域主义的目的是实现团结，未来以多边主义合作为愿景。但是如今，这一愿景不复存在。多边主义与区域主义变成相反的概念，前者意味着对更广泛地理范围上的国家开放合作，后者意味着仅对特定地区的国家开放合作。③

国内研究则更多从后发国家、新兴市场国家的角度分析了多边主义的作用，认为单边主义和多边主义只能择其一，是新兴市场国家重塑其国际话语权的工具。有研究认为，针对个别西方大国单边主义与保护主义逆流，高举多边主义旗帜，以主

---

① 秦亚青：《世界秩序的变革：从霸权到包容性多边主义》，《亚太安全与海洋研究》2021年第2期。

② John Gerard Ruggie, "Multilateralism: the Anatomy of an Institution", *International Organization*, Vol. 46, No. 3, 1992, pp. 561–598.

③ Jagdish Bhagwati, "Regionalism versus Multilateralism", *The World Economy*, Vol. 15, No. 5, 1992, pp. 535–556.

场外交和多边外交力推全球治理。① 以美国为首的西方国家开始实行单边主义政策，所以新兴市场国家应该及时开展主动性、开放性和包容性的多边主义实践。② 且多边主义是新兴市场国家融入国际社会、实现国家发展和提升国际地位的重要途径。而传统的老牌西方国家实行的是主动多边主义，用以塑造国际秩序，而新兴市场国家则是被动多边主义，用以适应由西方国家塑造的国际秩序。③ 也有研究将多边主义具体化。此类观点认为，多元化的国际格局并不需要那种分化国家间正常关系并起到消极结构作用的小多边主义。④

国内也强调中国—中东欧国家合作模式的多边与双边重合属性。有研究指出，这种在一国设置协调机制的做法正是双边和多边相结合的案例。因为一方面这些协调机制是对所有参与国都开放的，另一方面也能够促进中国发掘特定国家贸易和投资的潜力。⑤ 不能过分强调多边主义的成分而忽视了双边主义的重要性。双边合作一直是中国—中东欧国家合作机制最基础、最重要的组成部分。在启动伊始，中国—中东欧国家合作秘书处就有这样的定位：双边合作是基础，中国—中东欧国家合作则是平台和补充。如果中国与每个中东欧国家的双边关系发展得不好，谈平台的发展就是空谈，是无本之木、

---

① 中国现代国际关系研究院课题组：《中国特色大国外交继往开来》，《现代国际关系》2020年第1期。

② 孔泉：《相互尊重、多边主义、开放合作：关于未来中欧、中法关系的思考》，《当代中国与世界》2021年第1期。

③ 周玉渊：《开放包容的中非合作与中非关系的前景——以中非合作论坛为主线》，《外交评论》（外交学院学报）2021年第3期。

④ 陈庆鸿：《当前亚太小多边合作及其影响》，《现代国际关系》2021年第3期。

⑤ Lilei Song and Dragan Pavlićević, "China's Multilayered Multilateralism: A Case Study of China and Central and Eastern Europe Cooperation Framework", *Chinese Political Science Review*, Vol. 4, 2019, pp. 277–302.

无源之水。① 也有研究以地方合作作为研究对象，认为该合作的多边主义不仅体现在国家层面合作的多边性中，也体现在地方合作的多边性中。② 还有研究指出该合作是一个开放共享的平台，其功能是协调国内外各方力量，积极推进中国和中东欧国家的全方位合作，从而为中欧合作及共建"一带一路"高质量发展贡献力量。③

国外研究则普遍认为，多边主义的本质是大国实现其地缘政治目的的工具，与单边主义并不矛盾。有研究以美国霸权和其多边主义外交为研究对象，认为多边主义是帮助美国实现霸权的重要途径，并大大降低了美国实现霸权的成本。美国在多边机构和多边外交中注入了不平等的权利与义务。该研究进而指出，多边主义并不是与霸权相互矛盾的概念，而是相辅相成的。④ 也有研究指出，大国不仅是通过多边机构内部的规则来实现其霸权，也通过多边主义的外交实现结盟。此类观点认为，联盟的形成是基于多边主义。能够保持多极化国际格局的最有效方式就是建立多边主义联盟。⑤ 值得注意的是，国外研究认为

---

① 吴孟克：《如何应对"16＋1合作"面临的挑战——专访中国社科院欧洲研究所中东欧研究室主任刘作奎研究员》，《世界知识》2018年第15期。

② 臧术美：《"一带一路"背景下中国与中东欧地方合作——一种多层级合作机制探析》，《社会科学》2020年第1期。

③ 刘作奎：《"一带一路"倡议背景下的"16＋1合作"》，《当代世界与社会主义》2016年第3期。

④ Richard Price, "Hegemony and multilateralism", *International Journal*, Vol. 60, No. 1, 1992, pp. 129 – 150; Andrew Johnstone, "The United States and the United Nations: Hegemony, Unilateralism and the Limits of Internationalism", in: Sewell B., Lucas S. eds., Challenging US Foreign Policy. Palgrave Macmillan, London, 2011.

⑤ Benjamin Fordham and Paul Poast, "All Alliances Are Multilateral: Rethinking Alliance Formation", *Journal of Conflict Resolution*, Vol. 60, No. 5, 2016, pp. 840 – 865.

欧洲国家签订的多边主义协定数量在全世界所有国家中是最多的。尤其是欧盟新成员国，更倾向于开展多边外交并签署多边协定。而且欧洲各国议会通过多边协定的成功率也远大于其他大洲的国家。①

（2）国内外关于跨区域合作的研究

国内外近年来对跨区域合作的观点既有重合也有分歧，总体研究也尚需深化。有研究专门指出，深化跨区域合作研究的迫切性主要体现在两个方面，一是从理论角度将学界没有深入分析的这一现象概念化，二是从实际应用角度分析各种跨区域方案积极发展、共存和竞争的必要性。②

具体而言，国内外均认为，跨区域主义合作源于现实的地缘政治，特别是大国与小国之间的合作。有研究认为，跨区域主义源于区域主义和现实主义。起初包容性区域主义为该地区内不同国家提供了不同程度的参与机会。各国可以通过多边合作机制开展经济合作与贸易往来，进而发展到更广泛的跨区域地区。同时，地缘政治的现实是既定因素。在推进区域一体化的同时，也要坚持与跨区域大国之间的彼此开放与合作。③ 国外研究持有类似观点，即跨区域合作源于地缘政治斗争。在威斯特伐利亚体系、国际关系体系和国家政治体系持续转型的背景下，地区进程对全球层面国际关系影响的新变化要求必须探索新型协作模式。超级大国和地区大国通过建立国际体制、团体和集团的方式，积极加入争取维持和扩大势力

---

① Manfred Elsig, "Who is in Love With Multilateralism? Treaty Commitment in the Post-Cold War Era", *European Union Politics*, Vol. 12, No. 4, 2011, pp. 529–550.

② ［俄］库兹涅佐夫：《世界和地区大国对外政策中的跨区域主义：俄罗斯的视角》，马天骄译，《俄罗斯学刊》2020年第10期。

③ 巴殿君、梁秋实：《论东亚多元区域主义困境与出路》，《东北亚论坛》2021年第3期。

范围的斗争中。①

但在关于跨区域合作的发展动力研究方面存在一定分歧。国内更加强调历史的融合。相关研究指出，虽然各类合作存在不同的历史路径和政治逻辑，但是其共同的前提条件是：稳定的合作模式的形成是长期以来各国的历史认知及行为互动的结果，它是合作行为实现自我持续和深化的必要条件。成熟的区域模式内部存在一个由历史行为和政治观念互动而形成的稳定秩序。这种秩序安排虽然并非直接催生某一合作机制的充分条件，但是它作为必要条件与外部因素共同发生作用，并在应对不断变化的外部环境过程中，自我调整合作的形式和方向，以保证合作具有延续性。在历史中形成的均衡合作模式，使合作机制在外部压力丧失或变化后，仍能够在内部需求和政治逻辑认同基础上自行运转以适应新的环境。相反，那些未能在历史中形成均衡合作模式的区域，在外部压力缓解后，其合作往往难以形成具有约束力的实质性内容。②

而国外更加强调外部压力、利益诉求和各类行为体的作用。新现实主义者大都将此类合作的形成归因于外部的权力压力以及内部权力关系的变化。此类研究认为，③ 区域集体行动的形成是一个被动的过程：它要么是抵制区域外势力的一种战略安排，要么是其他各国为约束区域内大国实现其霸权意图的一种手段。④ 新自由制度主义的学者更倾向于认为，此类合作是各个

---

① ［俄］库兹涅佐夫：《世界和地区大国对外政策中的跨区域主义：俄罗斯的视角》，马天骄译，《俄罗斯学刊》2020 年第 10 期。

② 高程：《区域合作模式形成的历史根源和政治逻辑——以欧洲和美洲为分析样本》，《世界经济与政治》2010 年第 10 期。

③ 参见［美］肯尼思·华尔兹《国际政治理论》，信强译，上海人民出版社 2003 年版，第 6 章、第 9 章。

④ Andrew Hurrell, "Explaining the Resurgence of Regionalism in World Politics", *Review of International Studies*, Vol. 21, No. 4, 1995, pp. 331–358.

国家相互依存关系的发展和谋求共同利益的必然结果。为了解决经济相互依存中的利益冲突、公共产品供给不足和交易费用上升等问题，国与国之间必然会通过协商的方式，共同构建国际机制和制定相关法律及规范将合作制度化。① 新功能主义学派及建构主义者们则更为强调非政府行为体的力量对于此类合作的推动作用。同时他们更注重分析各种社会主体之间的观念认同、信任机制和交往习惯等因素在合作过程中所产生的影响。②

总之，结合此前国内外关于多边跨区域合作模式的研究来看，双方的认知存在一定差异。国内关于中国—中东欧国家合作模式的研究仅停留在对中国—中东欧国家合作模式本身的增信释疑方面，而没有从学理的角度、从多边主义和跨区域合作的角度出发构建一个恰当的模型框架。国内研究普遍认为，多边主义是单边主义的反面，是有效应对当前国际局势变化的工具，也是新兴国家重塑其国际话语权的工具，但国外对多边主义的研究更为久远，普遍认为多边主义仅仅是另一个大国博弈、实现大国目的的手段，与单边主义并不是一对矛盾体。关于跨区域主义这一新事物，当前国内外的研究均认为跨区域主义源于地缘政治需求，但国内更强调区域内部的历史融合经验，国外则强调外部行为体的影响与压力。

鉴于国内外对于中国—中东欧国家合作模式的两大属性认知不同，本书将重点对这一合作的模式及相关问题展开系统研

---

① Robert Koehane and Stanley Hoffman, "Institutional Change in Europe in 1980s", in Robert Koehane and Stanley Hoffman eds., The New European Community-Decisionmaking and Institutional Change, New York, Routledge, 1991, pp. 1 – 39.

② 参见 [美] 彼得·卡赞斯坦主编《国家安全的文化：世界政治中的规范与认同》，宋伟、刘铁娃译，北京大学出版社 2009 年版，第 7 章。

究，从欧洲乃至全球的重大问题出发，结合中东欧国家对这一合作的具体认知，深入研究中国与中欧、巴尔干和波罗的海三个次区域的具体合作特点，并借鉴欧盟大区域政策的宝贵经验，为大变局下中国—中东欧国家合作模式提供一个基本的研判，进而有效促进中欧双方对这一合作的认知与沟通。

三　中国与波罗的海国家的合作及其特点

波罗的海国家包括爱沙尼亚、拉脱维亚和立陶宛。三国均濒临波罗的海，具有相同的历史命运，具有共同的地缘政治取向和共同的地缘政治隐忧。自2012年中国—中东欧国家合作机制启动后，波罗的海国家成为该机制的参与者。在中国的对欧外交中，波罗的海三国首次被正式纳入了中东欧国家范畴。2019年由于希腊加入，中国与中东欧国家合作机制实现扩大。2021年5月，立陶宛宣布正式退出中国—中东欧国家合作机制。2022年8月，爱沙尼亚和拉脱维亚宣布退出中国—中东欧国家合作机制。中国与波罗的海国家的关系面临新的挑战。

（一）波罗的海国家的特性

波罗的海三国东接俄罗斯，北邻芬兰湾，南邻俄罗斯飞地加里宁格勒、波兰和白俄罗斯。三国均有波罗的海海岸线。发展中国与波罗的海国家的关系，需要把握波罗的海国家的特性。

1. 相同的历史经历与记忆

爱沙尼亚、拉脱维亚和立陶宛成为主权国家的历史并不久远，但其独立进程与俄罗斯密切相关。从18世纪起，波罗的海国家就成为沙皇俄国觊觎的目标。自彼得大帝始,至叶卡捷琳娜二世,最后在亚历山大一世时期,沙俄经过与瑞典的两次战争、大胜拿破仑和三次参与瓜分波兰之后,终于实现了彼得大帝的"夙愿",在19世纪初夺取了波罗的海出海口——立陶宛、拉脱维亚和爱沙尼亚。俄国革命后,爱沙尼亚、拉脱维亚和立陶宛于1918年获得独立。独立之后,三国分别与苏俄签署和平条约。1939年8月23日,《莫洛托夫—里宾特洛甫条约》(又称《苏德互不侵犯条约》)签署。苏德条约秘密议定书涉及瓜分波罗的海国家。1940年6月,苏联红军占领波罗的海国家,并扶植亲苏政府。同年8月,波罗的海三国并入苏联,成为苏联的加盟共和国。1941年纳粹德国占领波罗的海国家。1944年8月苏联恢复对波罗的海共和国的控制。作为苏联的加盟共和国,爱沙尼亚、拉脱维亚和立陶宛均经历了苏联化进程,建立了苏联式的政治、经济和社会管理体制。1985年戈尔巴乔夫上台后,试图推动改革,苏联国内的政治气氛发生变化。波罗的海三个共和国内部长期被压的民族主义得以重燃。1989年8月23日,拉脱维亚、爱沙尼亚和立陶宛数百万居民举行了苏联有史以来最大规模的抗议"波罗的海之路"。他们携手,形成了一条连接里加、塔林和维尔纽斯的长达600多千米的人链。1991年立陶宛、爱沙尼亚和拉脱维亚脱离苏联宣布独立。新获得独立的波罗的海国家开始了政治经济转轨和国家构建进程。

2. 相同的地缘政治取向

波罗的海国家在重获独立后,以加入欧盟和北约为外交政策的优先目标。波罗的海国家独立后寻求加入北约,但是美国的决策者对此并不热心,美国战略家乔治·凯南明确反对波罗的海国家加入北约。然而,波罗的海国家的政治精英通过外交努力,最终获得了美国及其北约盟国的首肯。2004年3月,波罗的海国家加入北约，成为北约东翼的前线国家。加入北约之后，三国积极参与北约的军事行动。波罗的海国家都有一个现代化的北约卓越中心。2008年北约在爱沙尼亚成立合作网络防御卓越中心（NATO CCD COE）。在立陶宛，北约能源安全卓越中心（NATO ENSEC COE）于2012年获得认证。2014年，北约在拉脱维亚成立了北约战略通讯卓越中心（NATO STRATCOM COE）。2004年5月，波罗的海国家加入欧盟，波罗的海国家终于实现了脱俄入欧的历史夙愿。2007年波罗的海国家加入申根区。独立后波罗的海国家建立了自己的货币体系，爱沙尼亚和立陶宛实行货币局制度，拉脱维亚奉行货币局制度的原则。尽管波罗的海国家遭受了国际金融危机的严重冲击，但是三国未放弃加入欧元区的努力。2011年爱沙尼亚加入欧元区，2014年拉脱维亚加入欧元区，2015年立陶宛加入欧元区。

3. 均为小型的开放型经济体

从国土面积和人口规模看，波罗的海三国均为小国。截至2022年10月，爱沙尼亚面积为45339平方千米，总人口约为133.0万人。拉脱维亚面积为64589平方千米，总人口约为187.6万人。立陶宛面积为65300平方千米，总人口约为279.5万人。经济规模不大，2021年爱沙尼亚国内生产总值为256.6亿欧元，拉脱维亚国内生产总值为329.0亿欧元，立陶宛国内生产总值为554.0亿欧元。按照世界银行的定义，波罗的海三国均为高收入国家。2021年爱沙尼亚人均GDP为19269.0欧元，拉脱维亚和立陶宛分别为17459.0欧元和19759.5欧元。波罗的海国家的人均国内生产总值与西欧发达国家尚有差距。以购买力（PPS）为标准，2019年立陶宛实际人均GDP为欧盟平均水平的84%，拉脱维亚、爱沙尼亚人均GDP分别为欧盟平均水平的69%、84%。

表 3-1　　　　　　　　2021 年波罗的海国家经济概况

	面积 （平方千米）	人口 （万人）	国内生产总值 （亿欧元）	人均国内生产总值 （欧元）	进出口总额 （亿欧元）
爱沙尼亚	45339	133.0	256.6	19269.0	382.0
拉脱维亚	64589	187.6	329.0	17459.0	359.2
立陶宛	65300	279.5	554.0	19759.5	723.2

资料来源：EIU，World Bank。

4. 相同的亲美倾向

波罗的海国家是美国的盟友，是最亲美的欧洲国家。[①] 波罗的海三国的亲美倾向有历史起源。1940 年苏联将波罗的海三国并入苏联，美国不予承认。1940 年 7 月 23 日，时任美国助理国务卿萨尔纳·韦尔斯发表声明，谴责 1940 年 6 月苏联占领波罗的海国家，拒绝承认苏联吞并波罗的海国家。韦尔斯的声明确立了美国不承认苏联对波罗的海国家兼并的政策，即使在冷战时期，美国仍保持了波罗的海三国驻美外交机构。恢复独立后，波罗的海国家与美国的关系得到加强，波罗的海三国在经济、政治和军事领域都需要得到美国的支持。1998 年美国与波罗的海国家签署伙伴关系宪章。2004 年波罗的海国家加入美国主导的北约。波罗的海三国的决策者视波罗的海国家与美国的关系为应对俄罗斯军事压力的最终保障。波罗的海国家积极参与美国在阿富汗、伊拉克和叙利亚主导的军事行动。2014 年克里米亚事件后，波罗的海三国与美国的军事合作得到加强。2014 年，美国启动"欧洲威慑倡议"，以促进美国与中东欧国家的安全合作。2016 年美国启动与波罗的海国家对话（U. S. - Baltic Dialogue），重点关注安全合

[①] Derek E. Mix, "Estonia, Latvia, and Lithuania: Background and U. S. -Baltic Relations", https：//crsreports. congress. gov/product/pdf/R/R46139.

作。2018年4月，美国主办的美国—波罗的海国家峰会决定深化安全和防务合作，时任美国总统特朗普重申了对波罗的海国家的承诺。2022年7月，波罗的海国家与美国迎来建交100周年。美国总统拜登发表声明，强调美国对波罗的海国家自由和主权坚定不移的承诺。拜登表示，美国将继续与爱沙尼亚、拉脱维亚和立陶宛密切合作，应对各种全球挑战。① 由于历史原因和现实的安全考虑，波罗的海国家具有强烈的亲美倾向。

5. 相同的地缘政治隐忧

在波罗的海国家恢复独立初期，俄罗斯平静地接受了苏联作为一个联盟"寿终正寝"的现实，试图平等对待波罗的海国家。1997年，俄罗斯总统叶利钦提出向波罗的海国家提供安全保证，与美国和北欧国家建立"波罗的海地区稳定与安全空间"。俄罗斯向波罗的海国家提供单方面的安全保障，以换取波罗的海国家不加入北约，被波罗的海国家拒绝。随着波罗的海国家日益向西方阵营靠拢，俄罗斯对波罗的海国家的政策从合作转向防范。

波罗的海国家认为，俄罗斯仍是最大的地缘政治隐忧。俄罗斯与波罗的海国家军事力量的不对称性使得波罗的海国家感到不安。在波罗的海国家看来，在波兰和立陶宛之间的俄罗斯飞地加里宁格勒为俄罗斯在波罗的海的战略领土，对波罗的海国家构成潜在威胁。波罗的海国家不得不依赖北约保护自己的独立与安全。2007年，爱沙尼亚指责俄罗斯发动网络攻击之后，北约在爱沙尼亚建立了合作网络防御卓越中心。

---

① "Statement from President Biden Commemorating 100 Years of U. S. Diplomatic Relations with our Baltic Allies", https：//www. whitehouse. gov/briefing-room/statements-releases/2022/07/28/statement-from-president-biden-commemorating-100-years-of-u-s-diplomatic-relations-with-our-baltic-allies/.

2014年克里米亚事件进一步加剧了波罗的海国家的安全焦虑。拉脱维亚国际事务研究所所长斯普鲁兹认为，波罗的海国家视之为俄罗斯的侵略，而非乌克兰危机。这是"后苏联空间的再帝国化"，这是由于俄罗斯违反协定、利用内部冲突改变边界引发的苦难和不安全感。① 克里米亚事件导致爱沙尼亚与俄罗斯的关系急剧恶化，并引发爱沙尼亚对本国是否会成为俄罗斯扩张的新目标的担忧。时任爱沙尼亚国防部部长米克塞尔认为俄罗斯在波罗的海国家边界持久部署军队，威胁波罗的海国家的安全。② 拉脱维亚推动欧盟对俄采取制裁。克里米亚事件使立陶宛感到恐惧，立陶宛担心其国家安全受到威胁，批评俄罗斯公然违反国际法，对欧洲安全构成严重威胁。时任立陶宛总统格里包斯凯特对俄提出强烈批评，称俄罗斯为"恐怖主义国家"，向乌克兰派遣没有标识的军人。③ 立陶宛强烈要求对俄罗斯实行制裁，呼吁国际社会向乌克兰提供援助。为应对威胁，2014年9月，立陶宛、波兰与乌克兰三国决定组建联合军团。欧盟内部，在制裁俄罗斯问题上，波罗的海国家为鹰派，呼吁北约履行集体防务承诺。为应对俄罗斯西部军区的军事力量集结、武器部署和在邻近波罗的海国家领空的巡航，北约增加对波罗的海国家空中巡航，加大联合军事演习的规模和频率。2015年2月，北约国防部长会议决定在波罗的海国家等建立北约指挥中心，以加强北约东翼的防务，

---

① "Examining How CEE and Russia Relate in Turbulent Times", https：//www. ceu. edu/article/2014 - 09 - 30/examining-how-cee-and-russia-relate-turbulent-times.

② "Estonian Defense Chief： NATO Must 'Neutralize' Putin's Perceived Advantage", https：//www. rferl. org/a/russia-estonian-minister-says-nato-must-neutralize-putin-advantage/27095008. html.

③ Rayyan Sabet-Parry, "Lithuania President Calls Russia 'Terrorist state'", https：//www. baltictimes. com/News/Articles/35799/.

应对可能的危机。2016年7月，北约华沙峰会通过所谓增强前沿部署（Enhanced Forward Presence）倡议，决定在波罗的海国家和波兰部署四个营的兵力。2017年5月，北约3000人的部队在波罗的海国家完成部署。北约在波罗的海国家的军事存在客观上增加了波罗的海国家的安全感，制衡俄罗斯的军事行动。俄罗斯在加里宁格勒部署核导弹的反制措施又增加了波罗的海国家的不安全感。2018年2月，立陶宛指控俄罗斯在加里宁格勒部署能够搭载核弹头的弹道导弹，对半数欧洲国家的首都构成威胁。波罗的海国家寄希望于美国在加强波罗的海国家安全中发挥重要作用。2018年4月，立陶宛总统格里包斯凯特、爱沙尼亚总统卡柳莱德和拉脱维亚总统韦约尼斯访问美国，与美国总统特朗普举行会谈。波罗的海三国总统请求美国向波罗的海国家派驻更多军人，加强北约东翼的空防，以遏制俄罗斯。就在波罗的海国家总统与特朗普会晤后第二天，俄罗斯开始为期3天的导弹试射演习。拉脱维亚高级官员指责俄罗斯"炫耀武力"。波罗的海国家对俄罗斯的军事活动一直保持高度警觉，视俄罗斯在邻国的军事行动为威胁。2022年俄乌冲突爆发后，波罗的海三国力挺乌克兰，成为北约东翼应对危机的前沿阵地，在欧盟内部积极推动对俄实施最严厉的制裁。立陶宛议会甚至通过决议，将俄罗斯列为"恐怖主义国家"。

波罗的海三国属于波罗的海地区的组成部分，与该地区的国家保持较为密切的联系。波罗的海国家涉及8500万人口，占欧盟人口约17%。波罗的海地区的国家包括德国、瑞典、波兰、芬兰、丹麦、爱沙尼亚、拉脱维亚和立陶宛。2014年随着波罗的海国家加入欧盟，波罗的海成为欧盟的"内湖"[1]。爱沙尼

---

[1] Alexander Stubb and Hendrik Ilves, "The Baltic 'Big Sea' Strategy", https://euobserver.com/opinion/142110.

亚、拉脱维亚和立陶宛在脱离苏联独立之后一直寻求其在国际体系中的定位。20世纪90年代下半期波罗的海三国选择不同的认同路径，爱沙尼亚宣称自己为北欧国家，立陶宛强调其中欧文化传统，以波兰—立陶宛联盟为荣，而拉脱维亚则强调属于波罗的海地区。无论从人口、面积和经济影响力看，波罗的海三国均为小国，然而由于波罗的海三国重要的地缘政治地区、北约和欧盟成员国身份提升了波罗的海三国的国际影响力。值得注意的是，波罗的海三国保持着密切的合作。从20世纪20年代起，波罗的海国家就开始合作。1934年9月12日，三国的外交部部长在瑞士日内瓦签署谅解备忘录。20世纪80年代末和20世纪90年代初，波罗的海国家在争取恢复国家独立上开展了合作。最明显的例子就是1989年8月23日的"波罗的海之路"示威。恢复独立后，波罗的海国家建立了多层次的合作平台，涉及总统、议长、总理、部长、专家层级。议会合作的平台为波罗的海大会（Baltic Assembly）。波罗的海部长理事会（BCM）为政府间合作平台，波罗的海部长理事会总理委员会为总理合作平台。波罗的海部长理事会合作理事会（BCM Co‐operation Council）为外交部部长会议。部长理事会高官委员会为部长级的高官机制，设有五个常设委员会，涉及国防、能源、内务、交通与通信、环境领域。波罗的海三国的密切合作符合其共同利益，有助于提高其在国际舞台的地位，使国际社会能够倾听波罗的海国家的声音，了解其利益关切。

（二）波罗的海国家的合作需求与利益关切

在发展对华关系中，波罗的海国家有其合作需求和利益关切。

1. 爱沙尼亚的合作需求
（1）贸易与投资

爱沙尼亚作为一个小型开放型经济体，其经济活动依赖出口，因此对扩大中国贸易抱有期望，希望减少与中国的贸易逆差。自2012年中国—中东欧国家合作机制形成后，爱沙尼亚对中国出口除2015年有所下降外，其余年份保持持续增长，从2012年的约1.36亿美元增加到2019年的约2.99亿美元。爱沙尼亚致力于推动对中国农产品出口。爱沙尼亚牌钢琴在华广受欢迎。[1] 自中国与中东欧国家合作机制形成后，爱沙尼亚对中国的贸易逆差有所下降，从2012年的约1.10亿美元下降到2019年的约0.62亿美元。

表3-2　　　　2012—2019年爱沙尼亚与中国贸易统计　　（单位：万美元）

年份	进出口额	出口额	进口额	贸易余额
2012	136943	13564	123379	-109815
2013	130956	19968	110988	-91020
2014	137154	22545	114609	-92604
2015	118845	13496	95349	-81853
2016	117525	21168	96357	-75189
2017	126722	26035	100687	-74652
2018	127690	24536	103154	-78618
2019	121999	29875	92124	-62249

资料来源：笔者根据商务部网站数据整理。

爱沙尼亚是全球初创公司最为密集的国家，拥有4家独角兽企业和450多家初创公司。爱沙尼亚欢迎中国公司投资和创业。两国企业已开始共同谋篇布局。2015年9月，中国快递公司顺丰速运与爱沙尼亚国家邮政公司共同组建合资快递公司，负责将东北欧地区消费者网购的中国商品快速运至该地区国家。

---

[1] 《李超大使在爱沙尼亚〈晚报〉发表题为〈"17+1合作"是中爱和中欧关系的有益补充〉的爱语署名文章》，https：//www.fmprc.gov.cn/ce/ceee/chn/dssghd/t1784413.htm。

2017年8月，中国滴滴出行与Taxify达成战略合作，滴滴出行将通过投资和智能交通技术研发等方面协作，支持Taxify在多元市场进行更深度的市场拓展和技术创新。2018年爱沙尼亚驻华大使高马腾（Marten Kokk）表示爱沙尼亚非常希望发展成中国电商企业在欧洲的中心。2018年广州航新科技股份有限公司收购爱沙尼亚Magnetic MROAS Mag 100%的股权，此次并购协议金额为4300万欧元，是中国企业在爱沙尼亚的最大一笔投资。根据爱沙尼亚中央银行的统计，截至2019年年底，中国在爱沙尼亚的直接投资规模很小，仅有3420万欧元，在爱沙尼亚248亿欧元的外国直接投资中微不足道。

塔林—赫尔辛基海底隧道是芬兰企业家维斯特巴卡力推的一个基础设施项目，中国是潜在的参与者。芬兰—爱沙尼亚湾区发展有限公司（FinEst Bay Area Development）是该项目的开发商。2019年3月，芬兰—爱沙尼亚湾区发展有限公司宣布与中国点石基金（Touchstone Capital Partners）签署塔林—赫尔辛基隧道建设融资150亿欧元（约合1157亿元人民币）的谅解备忘录。2019年7月，芬兰—爱沙尼亚湾区发展有限公司表示将与中国国家铁路集团有限公司、中国铁路工程集团有限公司、中国交通建设集团合作，共同设计和建造总长100千米的塔林—赫尔辛基海底隧道。但是，爱沙尼亚政府官员对该项目的可行性表示怀疑。一些爱沙尼亚高官认为，开发商宣称的该项目年旅客吞吐量5100万人次和2200万吨的货物吞吐量不切实际。2020年7月，爱沙尼亚公共行政部部长艾布（Jaak Aab）宣布，由于该项目未能解决环境、经济和安全的关切，他将建议政府放弃该项目。①

对于中国投资，爱沙尼亚一方面抱有期待，另一方面持有

---

① "Estonia 'set to reject' Chinese-backed Plan to Build Tunnel to Helsinki", https：//www.globalconstructionreview.com/news/estonia-set-reject-chinese-backed-plan-build-tunne/.

疑虑。爱沙尼亚人民党成员波拉梅茨认为，中国投资并非没有条件，将会导致对中国投资的依赖。① 爱沙尼亚外交部网络外交司司长迪马·克拉尔强调，就重大基础设施项目，爱沙尼亚不能独自决定，必须与欧盟委员会进行协商。欧盟委员会并不认为拟议的塔林—赫尔辛基隧道具有可行性。"我们必须考虑经济理由，这些项目在多大程度上是可行的。因为在某一时刻，爱沙尼亚和欧盟委员会将提供某些资金。"②

（2）旅游

爱沙尼亚具有丰富的旅游资源，保留了欧洲中世纪城市风貌的塔林以及爱沙尼亚美丽的自然环境吸引着世界各地的游客。旅游业占爱沙尼亚国内生产总值的近8%。最近几年，爱沙尼亚旅游主管部门利用各种机会在中国推广爱沙尼亚旅游。2012年赴爱沙尼亚旅游的中国游客为14735人，其中一日游游客3893人，过夜游客10842人。2019年赴爱沙尼亚旅游的中国游客人数增加到53682人，其中一日游游客21888人，过夜游客31794人。爱沙尼亚旅游局局长希望在新冠疫情之后继续吸引中国游客，适应中国游客旅游偏好的变化。③

2. 拉脱维亚的合作需求

（1）贸易与投资

拉脱维亚希望扩大对中国出口，减少贸易逆差。2019年拉脱维亚对中国出口额约是2012年的2.8倍。与2012年相比，贸

---

① ERR, "'Suud Puhtaks' Talks China's Influence on Estonia", https://news.err.ee/1029198/suud-puhtaks-talks-china-s-influence-on-estonia.

② ERR, "'Suud Puhtaks' Talks China's Influence on Estonia", https://news.err.ee/1029198/suud-puhtaks-talks-china-s-influence-on-estonia.

③ Liina Maria Lepik：《我们将用爱沙尼亚式的体验、生活方式与灵感来链接中国消费者》，https://www.sohu.com/a/408068125_100383?_trans_=000014_bdss_dkmgyq.

易逆差也有所下降。作为一个小型的开放经济体,拉脱维亚需要拓展国际市场,增加出口。从 2019 年拉脱维亚对中国的出口产品结构看,木材及木制品占 52.86%,矿产品占 13.61%,电子产品占 9.35%,金属占 4.49%,蔬果产品占 6.72%。[1]

表3-3　　　2012—2019 年拉脱维亚与中国贸易统计　　（单位:万美元)

	进出口额	出口额	进口额	贸易余额
2012	138154	6883	131271	-124388
2013	147340	9916	137425	-127509
2014	146367	14690	131677	-116987
2015	116781	14459	102322	-87863
2016	119448	13216	106232	-93016
2017	132522	17718	114804	-97086
2018	138031	21311	116719	-95408
2019	128746	19568	109178	-89610

资料来源:笔者根据商务部网站数据整理。

拉脱维亚也希望吸引中国投资。从总体看,中国在拉脱维亚的投资规模很小。根据拉脱维亚中央银行的统计,2018 年,中国在拉脱维亚的直接投资为 5900 万欧元,占拉脱维亚外国直接投资总额的 0.39%。2019 年中国在拉脱维亚的直接投资仅有 5400 万欧元,占拉脱维亚外国直接投资总额的 0.34%,而来自欧盟国家的投资高达 120 亿欧元。[2]

---

[1] "Latvia Economy Briefing: Economic and Scientific Cooperation Between Latvia and China is Increasing", https://china-cee.eu/2020/01/28/latvia-economy-briefing-economic-and-scientific-cooperation-between-latvia-and-china-is-increasing/.

[2] "Direct Investment in Latvia", https://statdb.bank.lv/lb/Data.aspx?id=128.

(2) 交通与物流

早在 2000 年，拉脱维亚就对中国到欧洲的跨洲运输感兴趣。时任拉脱维亚外交部部长贝尔津斯表示拉脱维亚有兴趣参与中国到欧洲的新的跨洲货运计划。2004 年，时任拉脱维亚总统维凯—弗赖贝加强调拉脱维亚有利的地理位置可以很好地作为欧亚大陆过境走廊，有朝一日将中国与西欧连接起来。拉脱维亚希望成为连接东亚和欧洲的贸易走廊的关键节点。拉脱维亚利用其地理位置，致力于为亚欧间交通物流提供细分优质服务，转运业已占国内生产总值的 10% 以上。中国—中东欧国家合作机制形成后，拉脱维亚积极参与，希望从与中国的交通物流合作中获益。拉脱维亚外交部与交通部 2014 年在里加合作组织了一次高级别会议，"连接亚洲与欧洲"，邀请中国代表出席。拉脱维亚牵头组建了物流合作联合会。"一带一路"倡议提出后，拉脱维亚视之为机会。拉脱维亚希望抓住"一带一路"倡议带来的机遇，吸引来自中国的货运，使拉脱维亚成为连接欧亚大陆的物流中心之一。2016 年中国与拉脱维亚签署交通物流合作谅解备忘录，双方愿在发展港区园区、改善港口基础设施、吸引投资等方面进行合作。在波罗的海国家中，里加港具有最大的物流和转运能力。自 2016 年 11 月起，义乌—里加中欧货运班列开通。2018 年从远东抵达里加的集装箱增加到 10000 个。2017 年，拉脱维亚受邀出席在北京举行的首届"一带一路"国际合作高峰论坛。考虑到运输和物流对拉脱维亚国内生产总值的贡献，拉脱维亚认为有机会利用欧亚大陆的经验、能力和关系积极参与"一带一路"倡议。

3. 立陶宛的合作需求
(1) 贸易与投资

立陶宛如同其他波罗的海国家一样，希望扩大对中国出口，减少贸易逆差。自中国—中东欧国家合作机制启动后，立陶宛对中国出口持续增加。2019 年立陶宛对中国出口额约为 4.37 亿美元，约为 2012 年出口额的 4.8 倍。立陶宛对中国的贸易逆差略有下降，从 2012 年的约 15.42 亿美元降至 2019 年的约 12.60 亿美元。2015—2019 年立陶宛对华的高技术产品出口增长了 7.4 倍，2016 年中国成为立陶宛激光产品最大的出口市场。[①] 2019 年时任立陶宛总理斯克韦内利斯向时任中国总理李克强表示，希望向中国出口更多有竞争力的农畜产品。[②]

表 3-4　　　　2012—2019 年立陶宛与中国贸易统计　　（单位：万美元）

	进出口额	出口额	进口额	贸易余额
2012	172091	8935	163156	-154211
2013	181126	12467	168659	-156192
2014	181537	15719	165818	-150099
2015	134710	13879	120831	-106952
2016	145412	16358	129054	-112696
2017	185568	25521	160047	-134526
2018	209304	33010	176294	-143284
2019	213308	43676	169632	-125956

资料来源：笔者根据商务部网站数据整理。

根据立陶宛中央银行的统计，2019 年中国在立陶宛的投资为 830 万欧元，同年立陶宛吸收外国直接投资总额为 181 亿欧元。[③] 2014 年 1 月，立陶宛成立了立陶宛—中国商务理事会，

---

① Konstantinas Andrijauskas, "The Dragon and the Knight: China's Growing Presence in Lithuania", http://www.eesc.lt/uploads/news/id1137/v07_Dragon-and-Knight_leidinys_A4.pdf.
② 《李克强会见立陶宛总理斯克韦尔内利斯》，中国政府网，http://www.gov.cn/guowuyuan/2019-04/13/content_5382271.htm。
③ "Inward Foreign Direct Investment by Country", https://www.lb.lt/en/inward-foreign-direct-investment-by-country-1.

以促进两国的双边投资。2015年，中国钱宝国际商业结算有限公司（Globebill）在立陶宛投资300万欧元，选择立陶宛作为其欧洲总部，从事跨境支付业务。中国招商局集团与白俄罗斯政府合作建立工业园—巨石工业园，立陶宛愿意为中国企业提供港口设施。立陶宛曾争取中国对立陶宛港口的投资，争取无出海口的白俄罗斯的货运。2015年克莱佩达港、考纳斯自由经济区和立陶宛铁路公司与中国招商局集团签署意向协议，决定在形成物流链上加强合作。2016年，中国招商局集团宣布选择立陶宛作为在中东欧发展的基地。克莱佩达港扩建计划耗资8亿欧元，是立陶宛重大基础设施建设项目。2019年之前，立陶宛对中国投资克莱佩达港扩建抱有很大期望。但是到2019年立陶宛对中国投资克莱佩达港的态度发生变化，时任总统吉塔纳斯·瑙塞达称对中国的投资需要仔细考虑，因为中国投资会对国家安全构成威胁。中国投资克莱佩达港深水港项目削弱了国家安全。[1] 立陶宛国防部部长卡罗布利斯强调不应当让中国控制克莱佩达港。

（2）金融科技与创新

2016年立陶宛政府将大力发展金融科技确定为国家战略。立陶宛政府力推立陶宛成为中国—中东欧金融合作的门户。2018年索非亚峰会支持立陶宛成立金融科技协调中心。2019年年初，立陶宛经济和创新部将中国列为技术和创新合作的第10位重点国家。2019年11月27日，中国—中东欧国家高级别金融科技论坛在立陶宛维尔纽斯举行，成立了专门的金融科技协调中心。立陶宛政府希望充分发挥自身在金融科技领域的优势，推动两国金融科技合作，吸引中国投资。

---

[1] "Chinese Investment Into Klaipeda Port Can Undermine Security, Lithuanian President Says", https：//www.baltictimes.com/chinese_ investment_ into_ klaipeda_ port_ can_ undermine_ security_ _ lithuanian_ president_ says/.

(3) 旅游

近年来立陶宛积极在中国推广旅游品牌，以吸引中国游客到立陶宛旅游。海滨、琥珀、自然景观和文化遗产成为立陶宛旅游的主要卖点。立陶宛官方希望吸引更多的中国游客。近年来，赴立陶宛旅游的中国游客人数持续增加。根据立陶宛旅游部门的统计，2014年到访立陶宛的中国游客人数只有7000人，2018年和2019年分别增加到19297人和21135人。

4. 波罗的海国家的利益关切

值得注意的是，近年来随着美国和欧盟对华认知的变化，特别是中美关系面临严重的困难和挑战，波罗的海国家的对华认知也发生了变化，波罗的海国家无端视中国为"威胁"，国家安全成为关切的重点。

(1) 国家安全威胁

在美国的干涉下，波罗的海国家安全机构渲染中国为国家安全威胁。2019年，立陶宛国家安全部和军情部门发布的《2019年立陶宛国家威胁评估》报告首次将中国列为国家安全威胁，认为中国在立陶宛的情报活动越来越"咄咄逼人"[1]。2019年爱沙尼亚发布的对外情报局国际安全报告关注中国日益增加的影响力。报告宣称，中国的宣传和游说主要是为了支持其政治和经济利益。还分析了欧盟和美国对中国的对外投资和技术持更加谨慎的态度的原因。拉脱维亚国家安全局2019年度报告认为，最大的风险是公共和私营部门使用中国技术。2020

---

[1] State Security Department of The Republic of Lithuania, "Second Investigation Department under The Ministry of National Defence, National Threat Assessment 2019", https://www.vsd.lt/wp-content/uploads/2019/02/2019-Gresmes-internetui-EN.pdf.

年立陶宛情报部门在发布的报告中诋毁中国,声称"中国的间谍活动"正威胁立陶宛的国家安全。

(2) 中俄合作隐忧

波罗的海三国视俄罗斯为最大的安全威胁,对中俄合作的动向高度关注。2017年中俄海军在波罗的海举行年度例行性联合军事演习,波罗的海三国军方高度关切。爱沙尼亚国际安全报告关注中俄关系,中俄关系被复杂解读。2020年立陶宛国家安全评估报告认为,俄罗斯在国际舞台上与西方的对抗促使莫斯科与中国协调其利益。[①] 由于俄罗斯被视为波罗的海国家最大的地缘政治威胁,波罗的海国家对俄罗斯与中国在欧洲事务的可能的合作高度敏感,担心中俄合作损害波罗的海国家的利益。2022年俄乌冲突爆发后,中国始终站在大多数国家的一边,坚决反对单边制裁。强调尽快停火实现和平,这一表现成为影响波罗的海国家对华态度的一个因素。[②]

(3) 5G 网络安全

波罗的海国家在 5G 网络安全议题上受美国的影响。美国决意说服其盟友将华为排除在 5G 网络之外。波罗的海三国是北约东翼国家,在乌克兰危机之后感受到了前所未有的不安全感,认为北约需要加强在波罗的海国家的军事存在,为本国提供军事保护。2019年10月,时任爱沙尼亚总理与美国副总统彭斯签署 5G 安全联合声明。声明强调"各国从不受信任的信息和通信技术供应商和供应链过渡到受信任的供

---

① "The Second Investigation Department under the Ministry of National Defence (AOTD) and the State Security Department of the Republic of Lithuania (VSD) National Threat Assessment 2020", https://www.vsd.lt/wp-content/uploads/2020/02/2020-Gresmes-En.pdf.

② Reid Standish, Akos Keller-Alant, "From Kyiv To Bucharest: Has Chinese Influence Peaked In Eastern Europe?" https://www.rferl.org/a/china-russia-eastern-europe-influence-waning-analysis/32003696.html.

应商至关重要"①。声明认为，应保护通信网络不受干扰或操纵，并确保美国、爱沙尼亚和其他国家公民的隐私和个人自由。2020年2月，时任拉脱维亚外交部部长林克维奇斯与美国国务卿彭佩奥在华盛顿签署5G安全的联合声明。联合声明强调，必须"保护通信网络不受干扰或操纵，并确保隐私和个人自由"②。美国宣称华为参与5G网络建设将损害美国在立陶宛的军事和经济安全。2020年2月，美国驻立陶宛新任大使罗伯特·吉尔克里斯特被问及美国是否与立陶宛签署类似与爱沙尼亚关于5G安全的联合声明，他明确表示，这是美国的政策。2020年5月，立陶宛公布了5G发展计划。立陶宛外交部部长林克维奇斯认为，由于5G基础设施的政治影响，外交部应当介入。他宣布计划与美国签署5G安全备忘录。③2020年9月，立陶宛与美国签署5G安全谅解备忘录。虽然波罗的海三国与美国签署的联合声明未提及华为公司，但针对华为公司的意味十分明显。时任立陶宛国防部副部长埃德维纳斯·凯扎表示，使用中国的5G设备将危害与美国的军事合作。④

---

① "United States-Estonia Joint Declaration on 5G Security", https://ee.usembassy.gov/joint-declaration-on-5g/.

② "Latvia Signs 5G Declaration With US to Sideline China", https://www.lrt.lt/en/news-in-english/19/1146924/latvia-signs-5g-declaration-with-us-to-sideline-china.

③ "Lithuania sets guidelines for 5G development", https://www.lrt.lt/en/news-in-english/19/1182804/lithuania-sets-guidelines-for-5g-development.

④ "As Lithuania Moves Ahead With 5G, Cooperation With US May Strain Over Chinese Technology", https://www.lrt.lt/en/news-in-english/19/1108620/as-lithuania-moves-ahead-with-5g-cooperation-with-us-may-strain-over-chinese-technology.

（三）对中国与波罗的海国家合作的思考

1. 关注主要国际行为体对双边关系的影响

目前国际秩序处在剧烈变动时期，主要国际行为体的关系进入调整时期。其中对国际秩序影响最大的因素为中美关系的变化。自特朗普当选美国总统后，美国对中国挑起经贸摩擦，使两国经贸关系受到极大损害。虽然2020年年初中美就贸易争端达成协议，但是随着新冠疫情的暴发，美国对华强硬政策全面升级，涉及经济、技术、香港、新疆、台湾、南海等问题。美国咄咄逼人的对抗态势结束了尼克松政府时期开启的美中接触，中美关系呈"自由落体"式下降，两国关系降至历史的最低点。美国看来已决意与中国"脱钩"，并试图向其盟友施压，不断鼓吹盟友与其站在一起，遏制中国。美国直言不讳地挑拨欧洲国家与中国的关系，向其欧洲盟友施加压力。拜登上台后，美国联合盟友遏制中国的战略没有根本改变。作为北约成员国的中东欧国家最先感受到来自美国的压力。在此背景下，爱沙尼亚、拉脱维亚和立陶宛均与美国签署了5G安全的联合声明。波罗的海三国安全部门无端视中国为"威胁"不无美国的影响。除了5G技术问题外，波罗的海国家在其他议题上追随美国的可能性较大。

自2019年起，欧盟对华的看法也发生了变化，欧盟视中国为技术领域的竞争者和治理模式上的制度性对手。欧盟对华认知的变化不可避免地对成员国的对华态度产生影响。自2012年中国—中东欧国家合作机制形成后，波罗的海三国为合作机制的参加者。欧盟对中国—中东欧国家合作机制疑虑未消，认为中国利用中国—中东欧国家合作机制分化欧洲，谋求自身利益。最近美国与欧盟试图在中国问题上协调立场，欧盟受到美国的压力，面临选边站队，与美国一道遏制中国。

然而，实现战略自主是欧盟多年的夙愿，法国财政部部长勒梅尔称欧盟应当成为超级力量。欧盟外交负责人博雷尔强调在对华关系上欧盟既有自己的利益，又有自己的价值。欧盟在对华关系上如何保持利益与价值的平衡值得关注。波罗的海国家出于自身利益考虑，不会挑战欧盟的对华立场。面对霸道的美国和追求战略自主的欧盟，波罗的海国家作为小国也有其难处。在推动中国与波罗的海国家关系上需要关注主要国际行为体对双边关系的影响，需要从国际秩序变化的视角思考中国与波罗的海国家的关系。值得关注的是，2019年波罗的海国家出现了退出中国—中东欧国家合作机制的苗头。爱沙尼亚国防部防务研究国际中心主任斯温·萨科夫认为，爱沙尼亚应当找到退出中国—中东欧国家合作机制的礼貌方式，通过布鲁塞尔与中华人民共和国进行沟通。① 立陶宛智库学者为美国保持对立陶宛的关注出谋划策，其中涉及阻止中国在欧盟影响的扩大。② 2021年美国对外政策研究所与立陶宛东欧研究中心合作联合发布报告《重构立陶宛在美国外交政策中的重要性》。报告认为，立陶宛的重要性将不再那么依赖俄罗斯层面和欧洲—大西洋联盟在后苏联空间的进一步扩大，而是更多地依赖它在欧洲事务中发挥更大作用，帮助美国的亚洲事务再平衡，并为能源、供应链和环境安全做出贡献。现在的挑战是将中东欧，特别是波罗的海国家和立陶宛，定位

---

① Otto Tabuns, "European States Reappraise Their Diplomatic and Investment Relationships with China", China Brief Volume 20 Issue 13, https://jamestown.org/program/european-states-reappraise-their-diplomatic-and-investment-relationships-with-china/.

② Tomas Janeliūnas, Dorota Irène Sokolovska, "Lithuania On The Agenda Of J. Biden'S Administration: Us Interests And Opportunities For Lithuania To Maintain The Attention Of Washington", https://www.eesc.lt/wp-content/uploads/2020/07/RESC.-US-interests-and-Lithuania-EN.pdf.

为一个能够支持美国议程的重要地区。① 2021 年 3 月，立陶宛议会外事委员会呼吁立陶宛退出中国—中东欧国家合作机制。2021 年 5 月，立陶宛宣布退出中国—中东欧国家合作机制，并呼吁其他国家仿效。2022 年 8 月，爱沙尼亚和拉脱维亚退出中国—中东欧国家合作机制。中国需要冷静应对与波罗的海国家关系的新现实。

2. 关注波罗的海国家的战略关切

对面临美欧压力之下的波罗的海国家，应当保持战略耐心。波罗的海三国仍是美、欧、俄角逐的舞台，在发展与波罗的海国家关系上应当关注波罗的海国家的战略关切。对重获独立的波罗的海国家而言，国家安全具有特别意义。波罗的海国家视俄罗斯为最大的地缘政治威胁，视美国主导的北约为波罗的海国家的安全保障者。值得注意的是，近年来美国试图挑拨中国与波罗的海国家的关系，散布中国"威胁"论。这不可避免地对波罗的海国家的对外政策产生影响。波罗的海国家安全机构报告对华认知的变化便是其反映。将中国塑造为继俄罗斯之后的国家安全威胁符合美国的利益，但这无助于发展中国与波罗的海国家的关系。针对波罗的海三国甚嚣尘上的中国"威胁"论，中国需要向波罗的海三国各界解释中国立场，消除波罗的海国家的对华疑虑，反驳对华战略意图的抹黑或误读。针对损害中国核心利益的行为，要进行坚决的反击。在中美关系紧张的背景下，发展中欧关系具有独特的战略价值。因此，发展与波罗的海国家的关系应当考虑中欧关系的大局，从维护中欧关系稳定的角度运筹中国与波罗的海国家的关系。在国际秩序剧烈变动的背景下，新时代中俄全面战略协作伙伴关系的作用凸显。

---

① Nikolas K. Gvosdev, "Reconceptualizing lithuania's Importance for U. S. Foreign Policy", https：//www.fpri.org/wp-content/uploads/2021/07/reconceptualizing-lithuanias-importance-for-us-foreign-policy.pdf.

3. 关注波罗的海国家的合作需求

波罗的海国家在发展对华关系上有相似的合作需求，中国对波罗的海国家的需求应当有所回应。波罗的海国家高度欢迎中国—中东欧国家合作机制这一新的合作途径。波罗的海国家官员希望借此减少贸易逆差，吸引中国投资，将其交通基础设施纳入运送中国商品到欧洲的公路、铁路和港口网络之中。① 波罗的海三国都希望更多的产品进入中国市场，扩大对华产品的出口。俄乌冲突后，波罗的海国家试图减少对俄罗斯市场的出口，拓展中国市场成为实际需求。中国应当为波罗的海国家商品进入中国市场提供便利，以继续保持波罗的海国家对华出口的持续增长。对波罗的海国家的农产品、海产品等进入中国市场，中国有关政府部门应提供便捷的途径。中国在波罗的海国家的投资在其外国直接投资总额中微乎其微，有条件的中国企业应当积极开拓波罗的海国家的市场，寻求适当的投资机会。如果有一到两个标志性的绿地投资项目落户波罗的海国家，这对稳定中国与波罗的海国家的关系会有所裨益。波罗的海国家希望成为有吸引力的中国游客旅游目的地，中方相关机构应当配合波罗的海国家旅游部门做好旅游推广，国内旅行社应当开发适合国内游客需求的波罗的海国家的旅游产品。波罗的海国家希望加强与中国在物流和交通领域的合作。中国已经陆续开通了义乌—里加、西安—穆格港以及义乌—维尔纽斯的中欧货运班列。中欧班列应适当考虑增加向波罗的海国家开行的班列，使波罗的海国家的物流部门能从中获益。波罗的海国家原希望中国企业投资于港口改造，但是由于地缘政治环境的变化，立陶宛以国家安全理由禁止中国企业参与克莱佩达深水港改造项

---

① Una Aleksandra Bērziņa-Čerenkova, "China's New Role in the Baltic States", https：//www.fpri.org/article/2018/01/chinas-new-role-baltic-states/.

目。虽然中资企业无缘参与港口等关键性基础设施项目的建设，但是中资企业应当争取参与波罗的海国家的其他基础设施项目，如能源基础设施。自中国—中东欧国家合作机制形成后，波罗的海国家在中国的知名度有很大提高。波罗的海三国曾视之为中国—中东欧国家合作的一大收获。在立陶宛、爱沙尼亚和立陶宛退出中国—中东欧合作机制后，需要冷静沉着应对双边关系的新现实。需要智慧地处理中国和波罗的海国家的双边关系以及中欧层面的关系。

4. 寻求特定领域合作的进展

中国与波罗的海国家曾就一些特定领域的合作进行探讨。爱沙尼亚的电子政务蜚声国际，电子商务发展势头良好。中国商务部与爱沙尼亚经济事务和通信部已签署电子商务合作的谅解备忘录。推动中国和爱沙尼亚在电子商务合作上取得突破至关重要。立陶宛金融科技发展迅速，已成为全球主要的金融科技中心。在中国—中东欧国家合作机制框架内，立陶宛组建了金融科技协调中心。在立陶宛退出之后，需要重新审视对立陶宛在金融科技领域的合作。

波罗的海国家特性突出。波罗的海国家对中东欧的认同度低，对中国—中东欧国家合作机制的参与易受地缘政治因素的影响。波罗的海国家在欧洲属于地缘政治高度敏感的地区，美、欧、俄的利益盘根错节，争夺不断。美国试图影响波罗的海国家与中国的合作，对中国在波罗的海国家技术和战略部门的扩张持怀疑态度。[①] 欧盟为保护内部市场增加了对外国直接投资的监督，欧盟的外国投资审查机制对中国与波罗的海国家的合作具有影响。欧盟的对华战略也会对波罗的海国家产生影响。因

---

① Kinga Raś, "Prospects for Cooperation between the Baltic States and China", PISM Bulletin, No. 158 (1404), 13 November 2019.

此，发展与波罗的海国家的关系面临更多的约束条件。

在国际秩序变动的背景下，中国与波罗的海国家的关系进入了"多事之秋"。波罗的海国家对参与中国—中东欧国家合作机制的积极性有所下降。2021 年 1 月，即将卸任的爱沙尼亚外交部部长雷恩萨卢表示，他倾向于通过欧盟与中国对话，而不是通过中国—中东欧国家合作机制的形式对话。① 2021 年 5 月，爱沙尼亚外交部部长伊娃—玛丽亚·利梅兹表示，爱沙尼亚已经减少了对中国—中东欧国家合作的参与，称爱沙尼亚尚未就未来参与中国—中东欧国家合作做出决定。② 爱沙尼亚国内也有退出中国—中东欧合作机制的声音。2021 年 5 月，立陶宛宣布退出中国—中东欧国家合作机制。继退出中国—中东欧国家合作机制后，2021 年 7 月，立陶宛官方公然宣布允许中国台湾以"台湾"名义设立"代表处"，此举直接挑战一个中国的原则。2021 年 8 月，中方决定召回中国驻立陶宛大使，并要求立陶宛政府召回驻中国大使，两国关系面临建交以来最严重的危机。2021 年 11 月，中国外交部发表声明，针对立陶宛不顾中方严正抗议和反复交涉，允许中国台湾设立"驻立陶宛台湾代表处"一事，中方表示强烈不满和严正抗议，决定将中立两国外交关系降为代办级。2022 年 8 月，爱沙尼亚和拉脱维亚退出中国—中东欧国家合作机制。

面对中国与波罗的海国家关系的新现实，中国需要全面审视与波罗的海国家关系的约束条件。在波罗的海国家退出中国—中东欧国家合作机制后，中国仍然需要处理与波罗的海国

---

① "Reinsalu Skeptical About Participation in China's 17 + 1 Initiative", https：//news. err. ee/1608080446/reinsalu-skeptical-about-participation-in-china-s-17-1-initiative.

② "Liimets：No Decision Made on Estonia's Future 17 + 1 Participation", https：//news. err. ee/1608222910/liimets-no-decision-made-on-estonia-s-future-17-1-participation.

家的双边关系。中国与波罗的海国家关系为中欧国家的组成部分，要避免波罗的海国家成为中欧关系的阻碍因素。发展与波罗的海国家的关系需要保持战略耐心，统筹兼顾，谋定后动，寻求互利、务实的合作领域。关注波罗的海国家的合作需求，推动在特定领域的合作有所进展。

波罗的海三国有较为紧密的合作机制，三国在西方驾轻就熟地利用这些机制，提升其国际地位，增进其国家利益，然而当下波罗的海三国缺乏利用这些机制发展对华关系的政治意愿。在波罗的海国家退出中国—中东欧国家合作机制后，中国与波罗的海国家的合作必须立足于双边关系，根据三国对华态度及需求因国施策。基于目前的地缘政治现实和双边关系的现状，中国与波罗的海国家的合作要立足于在一些具体的领域取得进展，例如基础设施建设、气候变化等，推进互利共赢的双边和区域合作，发展健康、稳定、可持续的双边关系。

四　中国与中欧国家的合作及其特点

中欧四国（波兰、捷克、匈牙利和斯洛伐克）一直是中国在中国—中东欧国家合作机制下的重点合作对象。在中东欧国家中，中欧四国拥有较大的经济体量和较强的政治话语权。中国与中东欧国家的经贸投资活动也主要集中于这四个国家。因此，为了进一步研究中国—中东欧国家合作已有的合作模式以及未来发展，本章将深入研究中欧四国对与中国开展合作的利益诉求。此外，由四国组成的维谢格拉德集团（Visegrád Group）也有助于我们了解四国对区域合作模式的认知，进而为中国—中东欧国家合作模式提供一定参考。

（一）中欧国家的特性

1. 相近的历史记忆

波兰、捷克、匈牙利和斯洛伐克虽位于欧洲中部地区，但却源自不同的民族。波兰人、捷克人和斯洛伐克人属于西斯拉夫人，匈牙利人是来自乌拉尔山地区的马扎尔人。四个民族均在欧洲民族大迁徙时期在该地区定居，并先后建立了波兰王国、波兰立陶宛联邦、匈牙利王国、波西米亚大公国等，而匈牙利则并入奥地利帝国，并于1867年与奥地利达成折中协议，建立奥匈二元制君主国。随着奥匈帝国解体和第一次世界大战结束，该地区的民族国家兴起。波兰建立第二共和国,捷克和斯洛伐克独立,建立捷克斯洛伐克第一共和国,匈牙利建立匈牙利第一共和国。但是,波兰、捷克、匈牙利和斯洛伐克对这段历史有着不同的解读。2018年10月,奥匈帝国解体100周年时,波兰、捷克和斯洛伐克三国庆祝解放与独立,而匈牙利怀念在1918年失去的2/3的领土和人口。

2. 差异化的地缘政治关切

中欧国家的外交重心是"走在欧洲道路上的平衡外交",即在保持欧洲方向的前提下发展与各大国的关系。"走在欧洲道路上"意味着中欧四国会坚持欧洲导向。"平衡外交"意味着这些国家在大国博弈的"夹缝"中求生存,这也是四国践行了数个世纪的外交原则。

中欧四国作为欧盟成员国的首要关切是保持成员国身份。欧盟成员国的身份是这些国家最大的政治和经济资本。1997年欧盟正式与波兰、捷克和匈牙利三国开启入盟谈判。2003年四国签署了入盟协议,并于2004年5月1日正式成为欧盟成员国。即便当前匈牙利和波兰因法治等问题与欧盟关系不睦,但两国从未表示要退出欧盟。对欧盟的建议和欧洲法院的裁决,两国采取"进一步、退一步"的方式。

除匈牙利外,其他三国对俄关系全面恶化。早在俄乌冲突爆发之前,波兰、捷克和斯洛伐克与俄罗斯的关系已经开始恶化,这三个国家相继以国家安全为名驱逐了数十名俄罗斯外交官。俄乌冲突进一步加速恶化了这些国家的对俄态度。仅有匈牙利极力保持自己的中立立场,但是也不得不在具体事项(例如对俄制裁)上做出一定程度的妥协。

捷克和斯洛伐克对美关系良好,波兰、匈牙利与美国存在有限的摩擦。特朗普政府时期任命帕尔默为西巴尔干事务特使(针对塞科和波黑问题)、彭佩奥对数个中东欧国家的访问、10

亿美元注资"三海倡议投资基金"（以基建、能源合作为主）、加强北约在中东欧驻军等行为被认为是美国重返中东欧的标志。拜登政府在此基础上进一步加强了价值观外交的力度，通过召开民主峰会的方式拉拢中东欧国家，同时在波兰修建永久性的北约军事基地并增加驻军人数。然而，匈美关系和波美关系陷入暂时性的低谷。当前匈牙利和波兰与拜登政府出现公开摩擦。拜登政府认为欧尔班治下的匈牙利是威权主义政府，也未邀请其参加民主峰会。波兰针对美国探索传播公司（Discovery）在波兰投资的TVN电视台（美对波最大的投资项目之一），利用法律限制非欧资本投资波兰媒体。但这些摩擦仅限于政治和经贸投资领域，波兰和匈牙利不可能完全抛弃与美国发展关系。

3. 经济

中欧四国同为开放经济体，对欧盟市场的依赖度较大，欧洲还是中东欧最重要的外贸市场和外资来源地。例如波兰2021年面向欧洲市场的出口额占其总出口额的89%。但这也造成了一个问题，即中东欧国家在经济上严重依赖欧盟基金和西欧国家的投资。在中东欧非欧元国家本币不断贬值的背景下，欧盟基金的拨付也是稳住本币汇率的重要手段。然而，欧盟委员会虽然批准了波兰的复苏与韧性计划，但由于纪律问题尚未得到解决，欧盟没有拨付基金。匈牙利的复苏与韧性计划则迟迟未得到批复。欧洲议会于2022年9月还通过决议，称匈牙利为"选举专制"的国家，这让匈牙利获得欧盟基金投资的前景进一步黯淡。

长期经济增长方面，中东欧国家（特别是欧盟新成员国）传统的增长模式已经到了极限。转轨以来这些国家严重依赖外来直接投资及中间品和制成品出口。在产业链中处于中游，其产生的附加值低于上游的设计研发以及下游的物流和营销。因此，自国际金融危机之后，这些国家经济趋同的速度明显放缓，甚至一度在增长速度、失业率、国际贸易收支等领域出现趋异现象。对此，中东欧国家开始重新界定政府在经济中的作用（加强国家指导或国有化等）、推动民族资本主义发展（加强本国企业国际化、扶持本国中小企业等）、实现从投资驱动转为创新驱动的增长模式（鼓励创新、提高劳动力能力、改革教育体系、促进研发活动等）。

（二）中欧国家的合作需求与利益关切

东欧剧变后，波兰、捷克、匈牙利和斯洛伐克开启了重回欧洲的进程并于2004年正式加入欧盟。在政治方面，虽然四国有着不同的政治利益，但欧洲和跨大西洋导向均已成为四国根本性的政策方向。在经济方面，虽然各国有着不同的经济特点和产业结构，但对外来资本的需求是一致的。这些政治和经济因素使四国在对华合作方面的利益诉求有相似之处。但由于国情不同，四国各自也有不同的诉求。

1. 波兰的利益诉求

在中美博弈的大背景下，波兰政府的对华态度出现了明显变化，中波两国合作处于不冷不热的状态。不过从经济角度来看，波兰的利益诉求依旧存在，并未因国际环境的变化而发生巨大转变。

（1）基础设施建设领域

格但斯克（Gdańsk）港口的深水港、铁路和公路项目一度是中波在中国—中东欧国家合作中的热点话题，但是当前波兰对基建类的观点已发生转变。波方有观点认为，中国政府对项目的推动力度、互利共赢的宣传模式以及由中国创立的一系列融资机构（例如亚投行），都使其他大国开始重新思考本国的海外投资模式。中国的优势是投资方式更加灵活且企业获得贷款的速度更快。在中日竞争印度尼西亚高铁项目的过程中,这些优势得到了充分体现。正是在中国的影响下,日本政府也一直呼吁对亚洲开发银行进行制度改革,例如简化贷款手续等。目前,波方在基础设施建设方面的关注点更多集中在带动当地经济发展、投标施工等过程的透明度以及项目可持续性等方面,而非单纯的修桥建路。因此,波兰国内有声音呼吁应该大力发展同日本和韩国基建战略的对接,将日韩企业引入到波兰的基建市场。①

不过,即便波兰对基建的观点发生一定变化且前期双方有过 A2 高速公路项目失败的合作经验,但是中波两国的基建合作依旧稳步推进。2019 年中国电建市政公司签约波兰 S14 罗兹西部绕城快速路设计与施工项目。该项目是中国企业十年来首次在波兰获签的公路建设项目。中国电建将设计并建造一条长约 16 千米的双向四车道快速路,包括道路排水系统、环保设备、道路照明、道路围栏、拆除工程、绿化种植等。中国电建自 2012 年进入波兰市场以来,先后承接了波兰弗罗茨瓦夫防洪工程、海乌姆—卢布林输变电工程、贝司奇查杜兹尼卡河"莎莱尤夫古勒奈"防洪水库项目、杜纳河"克罗斯诺维采"防洪水库项目、S14 罗兹西部绕城快速路设计与施工项目五项工程,合同额共计 3.95 亿美元。

(2) 贸易领域

经贸合作的逆差问题依旧是波兰在这一领域内的最大关切。波兰最终的目标是扩大对中国的出口,特别是农产品、奢侈品和酒类的出口。但波兰方面也承认很难减少自中国的进口。因为两国贸易中很多产品属于中间产品,主要用于各类跨国企业在波兰或中国工厂的组装和生产活动。另外,波兰认为贸易结

---

① Justyna Szczudlik, "Many Belts and Many Roads: The Proliferation of Infrastructure Initiatives in Asia", PISM policy paper, No. 7 (148), 2016, http://www.pism.pl/files/?id_plik=21455.

构的不合理也是导致逆差的原因之一。目前,波兰对中国出口的40%是未加工的原材料,例如基础金属、化工产品和塑料等。这些商品在很大程度上会受到全球价格波动的影响。而且近年来中国对基础金属,特别是铜的需求大幅度降低,而铜恰恰是波兰对中国出口的主要产品之一。所以贸易结构的单一也成为影响中波贸易逆差的主要因素之一。

(3) 投资领域

在波兰看来,中国企业喜欢与对象国政府或国有企业打交道,认为这代表着较高的可信度,故作为波兰经济主力的私营企业反而很难获得中国的青睐。[①] 波兰还认为,项目的规模也限制了中国对波兰的投资水平。中国大型企业的投资规模均在数十亿美元,而波兰的项目需要一揽子式集合起来才能满足中国大型企业的需求。[②] 还有观点更是明确指出了中波在投资方面的期待差异。波兰期望得到更多来自中国的绿地投资,而中国企业则对基础设施建设或收购高科技企业感兴趣。基于上述因素,虽然有些中东欧国家将中国视为战略伙伴,但波兰选择美国。[③]

(4) 地方合作领域

地方合作一直以来都被认为是推动中波关系的重要抓手。波兰方面将地方合作视为落实"一带一路"倡议和两国战略伙伴关系这类抽象概念的最好方式。中波两国开通了从成都到罗兹（Lodz）的货运班列,并已将这一线路延伸至厦门自贸区。

[①] Vsquare, "Belt, Road, and Humbug. China's Investments in Poland", 2018, https://vsquare.org/belt-road-hub-and-humbug-what-are-chinas-investments-in-poland/.

[②] Stefanie Linhardt, "Will Poland be Europe's Belt and Road winner?", 2018, https://www.thebanker.com/Reports/Special-Reports/Will-Poland-be-Europe-s-Belt-and-Road-winner? ct = true.

[③] Alan Crawford; Peter Martin, "China Is Forced to Reconsider Its Route Into Eastern Europe", 2018, https://www.bloomberg.com/news/articles/2018 - 10 - 18/china-is-forced-to-reconsider-its-route-into-eastern-europe.

此外，大部分中欧班列都从波兰和白俄罗斯之间的边境城市马拉舍维奇（Malaszewicze）进入欧盟。波兰借此成为中国与欧洲之间的物流仓储和贸易合作中不可或缺的一个环节。波兰认为，地方合作的优势在于只有地方政府才更了解当地的情况，能够比中央政府更加适当地挖掘当地潜力。而且地方合作是一种自下而上的模式，双方都对合作有着清晰的商业计划和意愿。对波兰来讲，一方面，中国一线大城市的市场已经被其他西欧或美国的大企业占据。波兰企业作为体量较小的后来者，很难抢占市场份额；另一方面，中国的地方省市是一个更有吸引力的选择。遗憾的是，中欧班列途经欧亚大陆的线路过于集中在俄罗斯。在俄乌冲突的背景下，欧洲基本切断了同俄罗斯的陆运和空运通道，这直接导致途经马拉舍维奇的班列数量减少。

（5）金融领域

波兰作为亚投行的创始成员国之一，十分关注中短期内亚投行能否发挥作用，在波兰或者中东欧地区为基建项目融资。波兰认为，虽然亚投行行长金立群对跨大洲的项目比较开放，但理事会成员大都来自亚洲，对中东欧地区的项目不会感兴趣，而且也很难说服他们为波兰这种高收入国家融资（世界银行将波兰归为高收入国家）。[①]

2. 捷克的利益诉求

近年来中捷关系面临一些困难。捷克布拉格与北京解除友好城市关系、捷克参议长窜访中国台湾等事件相继为中捷关系蒙上了阴影。这一现象背后的原因较为复杂，既因国际环境的变化，也因捷克对中捷关系的发展存在一定不满。

[①] Paweł Bagiński, "The Asian Infrastructure Investment Bank in Poland: complementary involvement", 2019, https://financialobserver.eu/poland/the-asian-infrastructure-investment-bank-in-poland-complementary-involvement/.

(1) 贸易领域

中捷双边贸易额占中国与中东欧国家贸易总额的20%左右。捷克成为继波兰之后中国在中东欧地区的第二大贸易伙伴。① 捷克一直尝试在制造业、环保技术、新材料、医疗和航空领域推动中捷贸易。② 捷克共和国工业联合会（Confederation of Industries of Czech Republic）认为，长期来看捷克的对华出口确实在增长，但是自中国进口的增长速度更快。捷克商会（Chamber of Commerce）认为，捷克企业无法充分利用中国巨大的经济体量和市场，对此也没有足够的积极性。较为客观的观点则指出了需求侧问题。捷克出口企业协会（Exporters Association）的代表认为，捷克对中国出口少的原因不仅是两国距离较远、语言不通等问题，而主要是因为需求，即中国自己能够生产那些捷克期望对华出口的产品。因此中国并不需要从捷克进口此类产品。③

(2) 投资领域

与捷克的经济体量相比，中国对捷克投资的总体水平是中欧四国中相对较少的。捷克最初的期望是通过中国投资创造高附加值产品并帮助捷克企业进入中国市场。当前仅有屈指可数的捷克企业成功进入了中国市场，例如J&T金融集团、捷信集团（Home Credit），但这些均是金融类企业。

---

① 姜琍：《17+1合作框架下中捷经贸合作：机遇与挑战》，《海外投资与出口信贷》2020年第2期。

② Czech Minister of Industry and Trade, "China is one of the most important business partners of the Czech Republic and we will con", 2018, https://www.mpo.cz/en/guidepost/for-the-media/press-releases/minister-marta-novakova-said-at-the-china-investment-forum-china-is-one-of-the-most-important-business-partners-of-the-czech-republic-and-we-will-con--240762/.

③ The Confederation of Industry, "Czech trade with China remains in deficit", 2018, https://www.spcr.cz/en/news/12350-czech-trade-with-china-remains-in-deficit.

由于时任捷克总统泽曼捷克总统泽曼对华友好的姿态，中国对捷克的投资增长速度一度在中东欧国家中遥遥领先。[1] 但当前捷克对中国投资存在巨大疑虑。一是对中国整体投资战略的疑虑。捷克认为中国目前大量对外投资基础设施。短期内此类项目既无法从中获益，也不能直接促进对象国的出口以及双边贸易。从经济的角度来看，中国投资很难获得收益。所以中国必然存在政治方面的意图。二是对中国在捷克投资的疑虑。这一点主要是针对此前中国华信能源有限公司在捷克的大量投资。捷克各类智库和政府代表均曾对华信投资的意图、资金来源以及资本运作产生疑问。甚至有观点认为中国利用企业投资直接干涉捷克内政。[2] 在华信被中信集团接管后，中信对华信在捷克的资产兴趣较小，并未表现出继续经营的愿望，这再次引发了关于中国投资可持续性的争论。

（3）地方合作领域

捷克首都布拉格一度是中国与中东欧国家地方合作中最为活跃的行为体。自2014年中国—中东欧国家地方省州长联合会正式落户捷克后，捷克同中国结对的友好城市数量显著增多。在布拉格先后举办了第二次中国—中东欧国家地方领导人会议、首届中国—中东欧国家卫生部长论坛、中国投资论坛等活动。

---

[1] Tamas Matura, "The Belt And Road Initiative depicted in Hungary and Slovakia", *Journal of Contemporary East Asia Studies*, 2018, Vol. 7, No. 2, pp. 174–189.

[2] David Barboza; Marc Santora; Alexandra Stevenson, "China Seeks Influence in Europe, One Business Deal at a Time", 2018, https://www.nytimes.com/2018/08/12/business/china-influence-europe-czech-republic.html; Bethany Allen-Ebrahimian; Emily Tamkin, "Prague Opened the Door to Chinese Influence. Now It May Need to Change Course", 2018, https://foreignpolicy.com/2018/03/16/prague-to-czech-chinese-influence-cefc-energy-communist-party/.

布拉格也是与中国开通航线最多的中东欧城市。① 但由于捷克部分反华势力和布拉格市议会和市长贺瑞普频频侵犯中国的核心利益，北京和上海相继宣布与布拉格解除友好城市关系。中国与捷克的地方合作进入深水期。

3. 匈牙利的利益诉求

中国与匈牙利的关系相对较为稳定。匈牙利一直积极从各领域推动与中国的合作。在中匈建交70周年之际，匈牙利提出了一份长期行动计划以进一步明确双边合作的重点。② 具体而言，中匈两国的合作多点开花，合作领域广泛，除了传统的经贸投资领域外，基金、金融、教育、旅游等领域合作也较为深入。不过，与中欧其他国家不同，中匈合作引发了较多关于匈牙利地缘政治问题的讨论。

（1）基础设施建设领域

在基建领域，中匈合作最大的项目便是匈塞铁路项目。匈牙利方面的主要关注点是该项目的长期盈利能力、运营情况、联通希腊和匈牙利的中欧陆海快线的建设进展等。匈牙利认为，匈塞铁路项目是该地区唯一将"一带一路"倡议具体化的项目，其引起的轰动已经不亚于匈牙利另一个国家级项目——帕克什核电站（Paks）的扩建工程。③ 具体而言，匈牙利希望匈塞铁路能够有

---

① 徐刚：《中国与中东欧国家地方合作：历程、现状与政策建议》，《欧亚经济》2019年第3期。

② Origo, "A Magyar-kínai Együttműködés Minden Területen Dinamikusan Bővül", 2018, http://www.origo.hu/nagyvilag/20180706-a-magyar-kinai-egyuttmukodes-minden-teruleten-dinamikusan-bovul.html, last accessed on 2021.2.14.

③ Kocsis János Balázs; Komjáthy Dénes; Péti Márton, "Kína Új Selyemút Kezdeményezésének Bemutatása és Nemzetközi Értelmezései", *Az Új Selyemút Gazdasági Övezet geostratégiai és földrajzi dimenziói*, Corvin Egyetem, Budapest, pp. 13–36.

效带动相关的基建投资、物流仓储业和服务业的发展,进而带来新的就业岗位。① 如果该线路盈利情况较好,匈方的贷款也能如期偿还。但匈牙利社会也有观点认为,匈牙利乃至整个中欧的铁路网络主要是为了提高与其他欧盟成员国的互联互通程度。其次才是为了带动本地区的经济发展。综上,所以匈塞铁路的前景并不明朗。②

(2) 经贸投资领域

新冠疫情发生前,匈牙利认为中国的投资水平远远不够,且投资模式也未能满足匈方需求。匈牙利政府一直以来希望中国企业能够在匈牙利进行绿地投资以带动当地就业和经济发展。匈牙利执政党青民盟也能借此提高支持率。③ 但中国对匈牙利的投资在近些年并未出现较大增长,其中新增的绿地投资更少。这也成为近两年匈方最大的关切。不过,匈牙利也能够较为客观地看待这一问题。有观点认为,虽然中东欧地区被认为是一个快速增长的市场,但 2017 年仅接收了全球外来直接投资总额的 1.5%。大部分资本来自欧盟和美国。④

但疫情期间中国对匈牙利的投资逆势上扬。仅 2020 年一年总计 10 个中资项目落地,投资额约为 6.64 亿欧元,中国首次成为匈牙利第一大外资来源国。截至 2020 年年底,中国对匈牙利累计

---

① Engelberth István; Sági Judit, " A XXI. Századi Selyemút ", *Multidiszciplináris Kihívások, Sokszínű Válaszok*, Vol. 1, 2017, pp. 4 – 21.

② Forman Balázs, " Új Selyemút-Közlekedési Kapcsolatok ", *Az Új Selyemút Gazdasági Övezet geostratégiai és földrajzi dimenziói*, Corvin Egyetem, Budapest, pp. 165 – 214.

③ Portfolio, " Magyarország Lesz Kína új Üdvöskéje a Régióban? A Térkép mást Mutat ", 2018, https://www.portfolio.hu/vallalatok/magyarorszag-lesz-kina-uj-udvoskeje-a-regioban-a-terkep-mast-mutat.291924.html.

④ Mártonffy Attila, " Hazánk Lesz Az Új Kínai Selyemút Egyik Csomópontja ", 2018, https://magyaridok.hu/kulfold/hazank-lesz-az-uj-kinai-selyemut-egyik-csomopontja-2505745/.

投资逾55亿美元，占中国对中东欧总投资的一半，创造了2.3万个就业岗位，匈牙利继续保持中国在中东欧第一大投资目的国地位。2020年中国主要投资项目如下：联想宣布投资约2700万美元在匈牙利建设欧洲首家工厂；南京泉峰汽车精密技术股份有限公司投资逾6000万欧元在匈牙利设立全球首家海外子公司，建设汽车零部件智能制造欧洲生产基地；上海恩捷新材料科技有限公司投资1.83亿欧元在匈牙利建立9.7万平方米的锂电池隔离膜工厂；万华化学集团股份有限公司子公司匈牙利宝思德化学公司增资3961万美元启动新项目；深圳科达利实业股份有限公司投资约4800万美元在匈牙利投资锂电池零件工厂。① 这一势头在2022年继续保持。2022年8月，宁德时代正式宣布在匈牙利东部城市德布勒森建设电池工厂，规划产能为100GWh，投资金额73.4亿欧元。这也是继德国工厂后，宁德时代在欧洲建设的第二座工厂。该项目位于德布勒森南部工业园区，占地221公顷，计划为欧洲的汽车制造商生产电芯及模组产品。②

贸易领域同样逆势上扬。疫情前匈牙利认为，从中国与中东欧总体的贸易水平来看，虽然近年来中匈总贸易额大幅增加，但依旧远远落后于最初提出的1000亿美元目标。在贸易领域，匈牙利具备自己的优势，匈牙利是中东欧国家中具有最多对华出口许可的国家。匈牙利希望能够对中国出口更多的农业深加工产品，同时在中欧贸易中扮演物流中心的角色。③ 可喜的是，

---

① 中国商务部：《2020年中国首次成为匈第一大外资来源国》，http://hu.mofcom.gov.cn/article/tzzn/202104/20210403056683.shtml，2022年8月29日。

② 宁德时代：《宁德时代宣布在匈牙利建设第二座欧洲工厂》，https://www.catl.com/news/6487.html，2022年8月29日。

③ Világgazdaság, "Kína Kitárná Piacát a Magyar Mezőgazdasági termékek Előtt", 2018, https://www.vg.hu/vallalatok/mezogazdasag/kina-kitarna-piacat-a-magyar-mezogazdasagi-termekek-elott-934107/.

2020年，各方攻坚克难，推动务实合作逆势而上，全年中匈双边贸易额达116.9亿美元，同比增长14.4%，创历史新高。中匈贸易的品种结构也在不断转型升级，由过去传统的服装鞋帽等附加值较低的日用生活品，向附加值更高的工业零部件、贸易加工产品方向转换提高，中匈之间的贸易依存度也随之不断增强。从双边贸易产品类型看，除了传统的机电产品、工业仪器设备等依然占半壁江山外，新型电商产品、公共医用卫生防疫物资、小家电、"宅经济"家具、电脑居家办公和远程学习用品等不断催生市场。

（3）地缘政治领域

由于欧尔班政府一直在力推向东开放政策和与中国的合作，关于匈牙利地缘政治导向的争论成为两国合作中的一个焦点话题。欧尔班自2010年第二次上台执政以来，在多个场合提及东方经济的崛起和中国对全球经济的重要性。对此，有观点认为，"一带一路"倡议确实影响了全球贸易的格局和发展。匈牙利对亚洲的转向正处于萌芽阶段，未来还会有所发展。[1] 反对的观点认为，中国的影响力仅在少数中东欧国家中有所提升。虽然有的中东欧国家获得了大量的中国基建投资，但是中国的政治影响力让人担忧。匈牙利不应与中国发展较深的关系。[2] 甚至还有观点认为，匈牙利的欧盟成员国身份对中国而言是一个较大的劣势，而非优势。[3] 但是，随着欧尔班连续四次以绝对多数赢得

---

[1] Engelberth István; Sági Judit, "A XXI. századi selyemút".

[2] Moldicz István Csaba, "Differing Interpretations of the One Belt and One Road Initiative: The Case of Hungary", Contemporary Chinese Political Economyand Strategic Relations: An Inlernational Journal, Vol. 4, No. 1, 2018, pp. 155 – 177.

[3] Tamas Matura, "Chinese Investment in the EU and Central and Eastern Europe", in Moldicz Csaba edt., China's Attraction: The Case of Central Europe, 2017, pp. 49 – 69.

大选,其向东开放的政策得到了进一步巩固。在新冠疫情暴发初期,匈牙利为保障全民接种疫苗,成为欧盟国家率先引进中国和俄罗斯疫苗的国家。在俄乌冲突期间,匈牙利顶住西方国家的压力,不仅坚持中立立场,还继续向俄罗斯采购天然气。未来,中匈合作中的地缘政治利益问题将会成为各方争论的焦点。

4. 斯洛伐克①

与波兰和捷克相似,斯洛伐克对中国的政策同样发生了转变,但迄今并无较为明显的反华行为。斯洛伐克对与中国合作的诉求与其他三国并无较大差异,同样集中在经贸、投资和基建领域。

(1) 基础设施建设领域

当前斯洛伐克最关注的合作领域应属基础设施建设。斯方曾尝试推动斯洛伐克到奥地利的宽轨铁路线的延长项目。俄罗斯、奥地利和斯洛伐克也曾商讨这一项目的可能性。② 在2018年索非亚峰会之后,时任斯洛伐克总理佩莱格里尼表示中国对宽轨铁路项目有一定兴趣。该项目预计成本为70亿—80亿欧元。不过斯方有观点认为,中国企业将会继续雇用中国员工或使用中国原材料,这将压低投资对斯的经济提振效果。③ 斯方关注的另一个项目是中欧班列。斯方认为,当前大部分中欧班列

---

① 如未单独标注,本部分均参考了中国—中东欧研究院的征文"斯洛伐克看一带一路和16+1合作"中的斯方论文。

② Railfreight, "Slovakia Has Plenty of Space to Become Transit Hub on New Silk Road", 2018, https://www.railfreight.com/specials/2018/12/04/slovakia-has-plenty-space-to-become-transit-hub-on-new-silk-road/? gdpr = accept.

③ AMO, "Pitfalls of Slovakia's Chinese dreams", 2018, http://www.chinfluence.eu/pitfalls-of-slovakia-s-chinese-dreams/.

都是从俄罗斯抵达波兰或德国。斯洛伐克在物流运输中的作用被大大忽视。匈塞铁路所属的中欧陆海快线也同样没有途经斯洛伐克。斯洛伐克政府当前正在加紧规划和建设位于多布拉的多式联运中心及其配套的口岸,以吸引更多中欧班列线路。

(2) 贸易领域

斯方认为,尽管斯洛伐克对中国出口额在2010年以后急剧上升,但是斯洛伐克无法在与中国的贸易关系中实现贸易平衡或净出口。从贸易结构来看,斯洛伐克对中国出口的产品主要是汽车、机械产品等。但斯洛伐克自中国的进口结构比对中国的出口产品结构更加多样化,这说明斯洛伐克对中国产品的依赖度更高。斯方还认为,其对中国最主要的出口产品——整车的前景均不乐观。一方面,中国正在大力发展国产汽车,且其质量也在不断提高。国际大型国外汽车制造商也早在中国建厂。所以斯洛伐克对中国出口汽车的可持续性存疑。另一方面,虽然近年来中斯签署了关于农产品的相关协议,但农产品和食品行业本身在斯洛伐克的国民经济以及总出口中均占比较小,所以即便增加了对中国的农产品和食品的出口,这对斯洛伐克出口的整体带动作用依旧不大。

但中斯的贸易数据却表现亮眼。2021年,两国贸易额为75.8亿欧元,创历史新高。2022年上半年,即便世界经济面临较大下行压力,中斯双边贸易仍实现两位数增长,达55.09亿欧元,增幅高达12%,根据斯方统计,贸易额增幅高达20%。斯洛伐克的乳品、羊肉、熊蜂等农食领域产品已打开中国市场的大门。①

---

① 中国驻斯洛伐克大使馆:《驻斯洛伐克大使孙立杰就中斯关系和中国—中东欧国家合作接受斯洛伐克电视台专访》,http://sk.china-embassy.gov.cn/chn/sgxx/dongtai1/202208/t20220817_10744750.htm,2022年8月29日。

(3) 投资领域

与其他三国相比，中国对斯洛伐克的投资最少。斯方一度重视中国企业对当地最大的电视台（Markíza）和斯最大的雇主之一——美国钢铁公司位于斯洛伐克科希策市的工厂的兴趣。但是近些年中国投资失败或未实现的案例也较多，例如伊波伊河（Ipel'）水电站、布拉迪斯拉发机场的购买或长期租赁等。这些案例打击了斯洛伐克对中国投资的信心。根据中国商务部的国别投资报告，中国在斯洛伐克投资合作的主要项目有联想欧洲、中东和非洲地区支持中心、ZVL AUTO 汽车轴承厂、青岛软控欧洲研发和技术中心、中车集团控股博戈汽车零配件厂、海鹰集团控股 IEE 斯洛伐克公司及国新国际公司 Galanta 物流园和尼特拉汽车配件物流园等。据中国商务部统计，2020 年中国对斯洛伐克直接投资流量为 20 万美元。截至 2020 年年底，中国对斯洛伐克累计各类投资 4.5 亿美元。[①]

5. 小结

总体来看，虽然中欧四国的国情不同且与中国的合作重点也有一定差异，但在投资、经贸、基础设施建设等领域的诉求基本相近。

第一，在基础设施建设领域，中欧四国均自称为中国乃至亚洲进入欧洲的门户，希望借此将本国打造成为中欧贸易的集散地。中欧四国基础设施建设的融资大部分是通过欧盟基金和欧美企业实现的，对中国资金的需求并不大。而且由于利率等问题，对欧盟成员国来讲中国贷款的吸引力并不大。所以与东南欧国家不同，中欧四国在基建方面的需求相对较小。不过，

---

① 中国商务部：《对外投资合作国别（地区）指南：斯洛伐克 2021 版》，http://www.mofcom.gov.cn/dl/gbdqzn/upload/siluofake.pdf，2022 年 8 月 29 日。

四国并没有完全将中国排除在基础设施领域之外。中欧四国希望借助基础设施的完善，吸引更多的中国货物在本国入境并转口，例如匈牙利和斯洛伐克至今仍在力推中欧班列过境的业务。对中欧国家来讲，与中国在这一领域合作的收益来自物流集散和交通转运的业务以及当地就业的提升。

第二，在贸易领域，中欧四国很难通过货物贸易来减小逆差，只能期待服务贸易发挥一定作用。自中国—中东欧国家合作机制形成以来，中欧四国自中国进口和对中国出口均有较大幅度的提高，但是自中国进口的增长水平远超于出口。中欧四国与中国贸易逆差的水平不断加大，其传统的出口优势在与中国的贸易中未能得到体现。于是中欧四国均利用贸易逆差这一问题大做文章，将其描绘为与中国合作的"不利后果"。但中欧四国也意识到，逆差问题是全球产业链布局所带来的结果，而且由于间接对中国转口的货物并未计算在内，真实逆差的水平并没有宣传得那么大。在这样的背景下，中欧四国尝试通过旅游、物流领域和合作减小逆差。中国赴中欧四国一日游游客人数和过夜游客人数的增长将促进这些国家对中国的服务出口，进而抵销部分货物贸易的逆差。另外，利用基建合作推动的物流仓储服务也可成为对中国服务出口的一个增长点。

第三，在投资领域，中欧四国依旧对中国的绿地投资有所期待。自中国—中东欧国家合作机制启动以来，中国对中欧四国的投资出现了较大增长，但仍未能满足四国的期望。在匈牙利，自万华的并购项目后一直到2016年才有比亚迪投资设厂。在波兰，A2公路项目投资失败。在捷克，华信被托管后相关项目前途未明。这些案例均成为唱衰派的说辞，并严重打击了四国与中国合作的积极性。不过，中国资本和中欧四国对各自的兴趣仍在。绿地投资依旧是中欧国家青睐的投资模式，以求对当地经济的提振。近年来中国对匈牙利不断创新高的投资便是明证。

总之，中欧四国对基建、贸易和投资的诉求是相辅相成的。从根本来看，这些诉求都是关于提高本地就业和经济发展的诉求。基建的完善将巩固中欧四国地理位置的优势，促进当地物流仓储业和发展进而带动当地就业。中国对此类集散地的利用也将增加对华的服务出口，弥补货物贸易的逆差。绿地投资的作用与之类似。中国企业在中欧四国投资设厂会给当地带来更多的就业机会。同时，这些中资企业有可能会从中国进口基础产品在中欧四国本地组装或集散。此外，旅游业也能带来类似的效果。从现实政治的角度来看，提高本地就业和经济发展的诉求是与执政党的利益相挂钩的，能够为执政党带来稳定支持率的方式之一便是通过绿地投资刺激经济发展并带动就业。执政党期望与中国的合作能够为自身带来切实的利益。例如匈牙利政府为了扩大自己的支持率，便在宣传中重点介绍中国给当地经济带来的影响。匈牙利政府甚至一度提出借助与中国的合作将 GDP 翻一番的说法。

值得注意的是，在这种目的的驱使下，中欧四国出现了一种期待中国政府"大包大揽"的倾向或偏见，期待中国政府施加影响力，以促进更多中资企业进行绿地投资、更多中欧班列在斯洛伐克换轨入境等。这些观点背后所隐藏的错误认知是，小国与中国合作便意味着中国政府必须对合作项目大包大揽，这种认知带来严重的不良影响。如果四国没有足够的绿地投资，那么中国政府应当对此负责；如果合作项目出现差错，对象国则倾向于将失败全部归咎于中方，但如果通过合作收获了成果，那么应当归功于双方的努力。

（三）维谢格拉德集团及其合作模式初探

由波兰、捷克、匈牙利和斯洛伐克组成的维谢格拉德集团（Visegrád Growp，V4）是中欧地区值得关注的地区性组织。虽然该组织并未与中国建立正式的合作关系，但 V4 是中欧四国自转轨以来用于政策沟通的重要平台。探究 V4 的合作模式将有助于中国认识一个重要问题，即中欧四国是如何通过这一组织来满足自身的发展诉求。

1990 年，时任匈牙利总理安道尔·约瑟夫提议建立一个名为维谢格拉德集团的三国合作机制。1991 年，匈牙利、波兰和捷克斯洛伐克三国在匈牙利维谢格拉德城堡正式签署《维谢格拉德合作协议》以及题为《关于捷克斯洛伐克共和国、波兰共和国和匈牙利共和国在欧洲一体化进程中合作的宣言》的文件。[①] 该组织的目的是加快三国转型的步伐，以更好、更快地向西方靠拢。

在组织结构方面，V4 既设有最高政治领导层的总理峰会、部长级会议，又设有非政府组织、智库、文化机构的交流机制。V4 还设有轮值主席国，其职责是制订当年 V4 的行动计划。但 V4 官方明确指出，V4 在任何方面都不是一个机制化的合作，而是完全依赖各国代表在各个层面的定期会晤与协商。在执行层面，跨国的部际交流是 V4 框架内的主要活动，其中包括部长级交流以及各领域专家委员会的交流。在合作领域方面，V4 主要集中在文化、环境、内部安全、防卫、科技和教育领域。同时，在司法、交通、旅游、能源和信息技术领域的合作正在逐渐加强。V4 框架下唯一的实体组织是国际维谢格拉德基金会（International Visegrád Fund）。该基金会成立于 2000 年，旨在支持 V4 框架下文化、科技、科研、教育、学生交流、跨境科研合作和旅游业发展。该基金会主要是向非政府组织和个人提供资助。

2010 年，V4 联合声明首次提出了"V4 + n"的合作模式，其中 n 代表某一国家、多个国家或各类组织。当前其主要的合

[①] 详见 Visegrad Declaration 1991，http：//www.visegradgroup.eu/documents/visegrad-declarations。

作对象是比荷卢经济联盟、北欧部长理事会国家以及欧盟东部伙伴关系计划内的国家，也包括 V4 + 日本的合作。V4 各国曾探讨 V4 + 中国的可能性。2015 年 V4 国家与中国举行了外交部司局级磋商。2018 年时任中国外交部部长王毅会见了 V4 国家的四位副外长。V4 的官方网站也一直在持续跟踪中欧国家与中国开展的相关活动，例如 V4 官网曾转发了 2017 年布达佩斯峰会的消息以及相关研究项目的启动。① 不过迄今并未出现实质性进展。有观点认为，根本不需要 V4 + 中国的合作机制，因为只有在极其特殊的议题上，四国才有可能会统一对华立场。在更多的场合中，四国不需要一个统一对华立场，所以也无须启动 V4 + 中国。②

从合作模式的角度来看，V4 有以下两个特点：第一，合作的有效性依赖四国间的协调。V4 组织结构缺乏有效的决策和治理机制，也缺乏对四国在该组织内权利与义务的规定。在平等和协商基础上建立起的这一区域合作组织中，各成员国的关系较为松散。这一特点决定各成员国会完全根据本国的利益来决定自身在集团中的行为。除了合作之外，各国之间也存在竞争与矛盾。四国均是外向型经济体且出口产品结构相近，这导致四国在经济发展方面存在同质化竞争。匈牙利与斯洛伐克两国间还存在尚未解决的民族问题。此类内部分歧有可能会导致 V4 的不稳定。所以，V4 的合作有赖于四国在搁置争议的前提下就某些问题进行有效协调。

第二，V4 作为团体的发声模式较为灵活，只有在特定问题

---

① Visegrad Group, "China-CEE summit-All Conditions in Place for China-CEE Cooperation, Says Szijjarto", 2017, http：//www.visegradgroup.eu/news/china-cee-summit-all.

② Stanisław Niewiński; Izabela Wojtyczka, "China-V4 complicated relations. Interview with Stanisław Niewiński", 2017, http：//visegradplus.org/china-v4-complicated-relations-interview-with-stanislaw-niewinski/.

上四国才会真正团结发声。虽然之前有观点认为，四国在欧洲议会的集体席位数量可以同西欧大国相竞争，这样可以让更多来自中东欧地区的诉求在欧盟得到重视。但是这一假设忽略了V4各国之间的分歧与竞争。即便是在V4起步阶段，四国在一体化进程中仍存在竞争。V4仅就四国共同关心且立场相同的问题发声，例如难民问题、新一届欧委会任命、欧盟2021—2027年度财政框架问题等。目前来看，这种在重大问题上有选择性的共同发声确实产生了效果。当时四国坚决反对欧盟的难民配额方案并加强了边境管制、反对蒂默曼斯当选新一届欧委会主席等。然而在复苏与韧性基金的批准方面，波兰与匈牙利的进度远落后于捷克和斯洛伐克，且波匈两国与欧盟之间的争端尚无缓解的迹象。在俄乌冲突爆发后，匈牙利的中立立场使其与其他三个国家越走越远。所以当前V4内部的分歧较大，短时间内难以解决。

（四）对中国与中欧国家合作的思考

首先，正确诠释中国—中东欧国家合作的模式，减少中东欧国家搭便车的心理。中国—中东欧国家合作机制是一个以追求共同利益为目标的合作框架。其中每个成员都尝试将自己的利益最大化并尽可能减少成本，这也直接导致了中东欧国家对中国存有一种大包大揽式的期待。对此，中国应适当减少对相关合作项目的宣传力度，重点培养这些国家对与中国合作模式的正确且负责任的认识。中国要多强调互利共赢或双赢背后所代表的含义，即双边经贸和投资等务实合作水平的提升并不完全取决于中国的政治决策以及中国企业的行为。中东欧国家自身的投资激励、运输成本、原材料价格、产品质量等同样也是决定经贸投资水平的核心因素。中国—中东欧国家合作的效率和成果很大程度上取决于双方的合力。双边或多边的有效合作是建立在各方共同承担责任和共同付出成本的基础之上。只有各方在具体项目中完成各自的分工并最终达成目标后,这一合作才能被称为共赢合作。

其次,适当减少宣传中国—中东欧国家合作机制对中东欧国家经济的带动作用,减少这些国家对中国的政治性猜忌。中国—中东欧国家合作机制被中国定义为跨地区的、多边与双边并存的新型区域合作。但在部分国家看来,这种新型的区域合作是中国外交分化欧洲的手段。这种观点一方面来自欧洲国家对中国的不信任,另一方面也来自部分媒体对中国—中东欧国家合作机制的不恰当的宣扬。在中欧双方缺乏互信的背景下,单纯强调合作模式的带动效应是无济于事的。中国应该让中东欧国家意识到,中国虽然积极开展务实合作,但并没有能力给这些国家的产业结构和经济增长模式带来实质性改变。

再次,充分发挥各类合作平台和协调机制的作用,以避免出现制度化的趋势。中国—中东欧国家合作机制原本就是一种非制度化的合作,更加不能逐渐造成制度化的印象。非制度化意味着该合作中既没有明确的章程和规章,又没有明确的主管、监督和执行机构。各方的合作主要依靠参与国之间的协调与沟通。也正是因为这个原因,中国—中东欧国家合作机制下各国牵头组建了各类合作平台或协调机制,以便调动各国的积极性。但在当前中国与中东欧国家的合作中,这些平台并未发挥原本的作用,各国的牵头作用较弱。另外,每年一届的峰会虽然轮流在各国举行,但是该主办国并不是正式的轮值主席地位,对议程的参与度并没有大幅度提高。这些都造成了一种印象,即中国成为所有合作领域的牵头人或推动者,更成为主管、协调与执行的主要国家。

最后,V4并不能成为中国—中东欧国家合作机制的有效补充,因为两者的合作模式相近。V4是为了加强中欧四国在欧盟内部和国际上的地位而建立的合作,并不是为了加强四国与其他大洲国家的合作。V4＋中国的模式将加大四国由于产业结构相近而造成的竞争压力，这将更加不利于四国统一立场和战略。V4 的合作模式也是依靠各方的协调与合作。对于中国来讲，该合作原本是为了加强中国与中东欧国家的关系。所以 V4 这种与之相近的、依靠协调的合作模式，只会提高中国—中东欧国家合作的复杂性，并不能降低协调和沟通成本。

五 中国与东南欧国家的合作及其特点

东南欧地区地理位置优越，历来就是欧亚大陆上重要的交通要冲和贸易中转站。同时东南欧地区也是地缘政治的焦点，大国争夺的对象。近年来在中国—中东欧国家合作机制之下，中国与东南欧地区国家各领域的交流合作日趋紧密，在经贸投资方面的关系发展日趋紧密的同时，也不同程度地存在着一些问题和挑战。在中国—中东欧国家合作机制及共建"一带一路"的背景下，加强与东南欧地区国家贸易与投资关系的研究，寻找更加切合实际且符合各方共同利益的合作模式，对双方关系的健康稳步发展具有重要意义。

（一）东南欧国家的特性

东南欧地区，通常指欧洲巴尔干半岛上的诸多国家，包括：阿尔巴尼亚、克罗地亚、斯洛文尼亚、保加利亚、罗马尼亚、塞尔维亚、黑山、波黑、北马其顿、希腊和土耳其的欧洲部分。本书的研究对象是该地区的东南欧国家，不包括希腊和土耳其，因此共有9个国家。

1. 社会经济发展情况

在东南欧国家中，各国之间的经济发展水平差异较大，其中斯洛文尼亚属于发达国家，2021年国内生产总值为520亿欧元，人均国内生产总值为2.5万欧元。[①] 根据国际货币基金组织的国家分类，其他八个国家均属于新兴及发展中经济体。东南欧九国中，保加利亚、罗马尼亚、斯洛文尼亚、克罗地亚四国为欧盟成员国，其他五国为非欧盟成员国，阿尔巴尼亚、塞尔维亚、黑山、北马其顿四国为欧盟候选国，波黑为潜在候选国。东南欧九国的经济发展特征是工业化和农业化并存，特色产业突出，对外部特别是欧盟的市场和投资的依赖度较大。除塞尔维亚和北马其顿外，其他国家均有出海口。

表5-1　　2021年东南欧九国经济概况

	面积（平方千米）	人口（万人）	国内生产总值（亿美元）	人均国内生产总值（美元）	进出口总额（亿美元）
阿尔巴尼亚	28750	281	183	6494	75
克罗地亚	88070	390	678	17399	495
斯洛文尼亚	20480	211	615	29201	829
保加利亚	111000	690	803	11635	849
罗马尼亚	238400	1912	2841	14862	1933
塞尔维亚	84990	684	631	9215	560
黑山	13810	62	58	9367	35
波黑	51210	326	226	6916	197
北马其顿	25710	207	139	6721	170

资料来源：World Bank。

总体上来看，除了斯洛文尼亚之外，其他东南欧八个国家的经济在欧洲大多相对落后，这八国的贸易环境、金融环境、

---

① 《斯洛文尼亚国家概况》，外交部网站，https：//www.fmprc.gov.cn/web/gjhdq_676201/gj_676203/oz_678770/1206_679738/1206x0_679740/。

投融资环境、基础设施建设、创新能力以及政府廉政等方面的情况在欧洲也都相对落后。特别是在西巴尔干地区的国家（阿尔巴尼亚、塞尔维亚、黑山、北马其顿、波黑）作为欧盟候选国或潜在候选国，长期以来一直将加入欧盟作为国家的重要战略，以进一步融入欧洲推进自身经济社会发展。虽然欧盟不断表示要吸收西巴尔干国家加入，但是由于2008年国际金融危机以来欧盟自身经济、政治、社会问题不断，加之欧盟不断扩容后凸显出的"扩大疲劳症"，对于西巴尔干国家入盟问题常常是"口惠而实不至"，西巴尔干国家普遍深感入盟前景遥遥无期，同时这些国家的自主倾向和寻求欧盟之外资源的趋势加强。

2. 东南欧地缘政治现状

东南欧地区的大部分国家都位于巴尔干半岛上，而巴尔干地区则历来是"欧洲的火药桶"。冷战结束后，该地区立即成为地区冲突热点区域，发生了南斯拉夫的解体以及伴随解体过程中旷日持久的战争和武装冲突，由此带来了地缘政治关系紧张以及该地区不同国家、民族之间的复杂矛盾。最终，南斯拉夫在20世纪90年代分裂为斯洛文尼亚、克罗地亚、北马其顿、波黑以及南斯拉夫联盟共和国，南斯拉夫联盟共和国于2003年改国名为塞尔维亚和黑山国家联盟，2006年塞黑解体，塞尔维亚、黑山分别成为独立国家。

进入21世纪，东南欧，特别是西巴尔干地区局势逐渐稳定，再未出现大规模的地区冲突或战争，但是该地区的地缘政治环境依旧不稳定。首先，科索沃问题长期得不到解决。美国、欧盟长期以来通过各种途径支持科索沃"独立"并要求塞尔维亚承认，欧盟将"塞科关系正常化"作为塞尔维亚加入欧盟的政治前提条件。塞尔维亚坚决不承认科索沃是独立国家，虽然在西方压力下塞政府与科索沃当局进行对话谈判，但进展不大，双方关系时有紧张，而北约以及欧盟都先后在科索沃派驻了维和部队。其次，波黑内部政治问题长期存在，分裂倾向加剧。自1995年《代顿和平协议》签署后，波黑内战结束，其内部的波什尼亚克族、克罗地亚族和塞尔维亚族分别成立穆克联邦和塞族共和国两个自治实体。塞族共和国一直寻求独立，并引发波黑内部的动荡，2021年12月，塞族共和国议会作出塞族从税务、司法和军队机构撤出的决定，外界有评论认为波黑政治将走向分裂甚至战争。[①] 此外，北马其顿与希腊"国名之争"，北马其顿内部的阿尔巴尼亚族与斯拉夫族之间的纷争，以及克罗地亚与波黑、斯洛文尼亚之间还存在着边界、海洋权益争端，上述矛盾和纠纷都是该地区潜在的地缘冲突爆发的诱因，特别是当前国际局势及欧洲地区形势不稳定的情况下，东南欧地区的地缘政治环境仍不容乐观。

虽然目前东南欧地区没有发生严重的地缘政治冲突，但是该地区复杂的历史、民族、宗教问题，同时又有着美国、欧盟、俄罗斯、土耳其等外部势力的干预，各种矛盾、利益纠缠在一起，使得该地区的地缘政治环境更加复杂。

3. 中国与东南欧国家的关系

1949年中华人民共和国成立后，同为社会主义制度的东南欧国家（当时属于东欧国家的一部分）立即承认并与新中国建交。保加利亚、罗马尼亚、阿尔巴尼亚等国在1949年10月初与中国建立了外交关系。南斯拉夫与新中国建交时出现了例外，原因是1948年苏联与南斯拉夫两国共产党矛盾激化，南斯拉夫共产党被开除出苏联领导的共产党情报局，考

[①] 徐刚：《西巴尔干2021：步履维艰的一年》，《世界知识》2022年第2期。

虑到苏联的因素，虽然南斯拉夫联邦共和国于 1949 年 10 月 5 日发表声明和致电承认中华人民共和国，但是新中国对来电予以搁置，两国到 1955 年 1 月才建立外交关系。建交后，同处于社会主义阵营的中国与东南欧国家关系得到迅速、全面和深入的发展。20 世纪 50 年代开始，东欧国家积极支持新中国的社会主义建设，在工业、农业、基建、教育、文化等各领域与中国开展了各种合作，中国也竭尽所能地帮助东南欧国家的社会主义建设事业。

20 世纪 70 年代末，党中央酝酿和实施改革开放这一伟大战略决策时，组织了多个大型访问团对当时的东欧国家进行调研、考察，其中罗马尼亚和南斯拉夫两国成为重要的学习和借鉴对象。例如，1978 年 11 月至 1979 年 1 月时任中国社会科学院副院长宦乡率经济学家考察团前往南斯拉夫、罗马尼亚进行走访。长达两个多月的考察后，考察团撰写了详细的报告，总结了对两国社会经济情况的观察和思考，认为罗马尼亚和南斯拉夫两国在工农业建设、企业管理、体制改革、人才培养等方面有着独到之处，值得我们学习。此外，从 20 世纪 70 年代末至 80 年代初，党中央组织了多批高规格的代表团访问罗马尼亚和南斯拉夫，在国内掀起了一阵讨论"东欧改革"的热潮，更是为中国改革开放和相关政策的实施提供了重要借鉴及参考。

东欧剧变后，东南欧国家开始了政治、经济和社会制度的转轨、转型，中国与东南欧国家的关系也在 20 世纪 90 年代之后处于一种"相互漠视"的时期，高层互访、经贸文化交流等相对较少。期间，随着南斯拉夫的解体，斯洛文尼亚、克罗地亚、北马其顿、波黑、黑山等国相继独立，中国陆续承认这些新独立的国家并与之建立外交关系。

随着 2012 年中国—中东欧国家合作机制的启动，东南欧国家对华关系进入新时期，十年来在该合作机制下，中国与东南欧国家的各领域务实合作有了长足发展，特别是"一带一路"倡议提出后，东南欧国家也积极响应，纷纷与中国签署了共建"一带一路"合作文件。本章将从经贸、投资两个重要领域系统梳理和分析中国同东南欧国家务实合作情况，总结经验和不足，为今后合作的行稳致远提供智力支持。

（二）中国与东南欧国家贸易现状及挑战

在经贸领域，中国与东南欧国家双边贸易额不断增长，中国在东南欧国家外贸经济中的地位愈加重要，同时双边贸易关系也面临一些挑战和障碍。本小节对中国与东南欧国家近年来贸易发展现状进行梳理，总结双边贸易中的主要特点，分析中国与东南欧国家贸易中存在的问题和障碍，在现有的合作背景下，思考未来双边贸易合作模式的发展与创新。

1. 中国与东南欧国家贸易总体情况与特点
（1）总体情况

近年来东南欧国家同中国贸易额稳步增长。2019 年中国同东南欧九个国家贸易总额约为 276 亿美元，较 2012 年增加了约 173 亿美元。从数额上看，中国与东南欧国家贸易关系在中欧贸易乃至中国和中东欧国家贸易中的地位并不突出。根据中华人民共和国海关总署相关数据统计，2021 年的中国与九个东南欧国家贸易额总和高于中国同捷克贸易额（约 212 亿美元），远低于中国同波兰的贸易额（约 421 亿美元）。

从图 5-1 可以看出，中国与东南欧国家贸易额自 2012 年以来一直处于稳步增长的状态，特别是 2015 年以来增长幅度呈明显的加速状态。

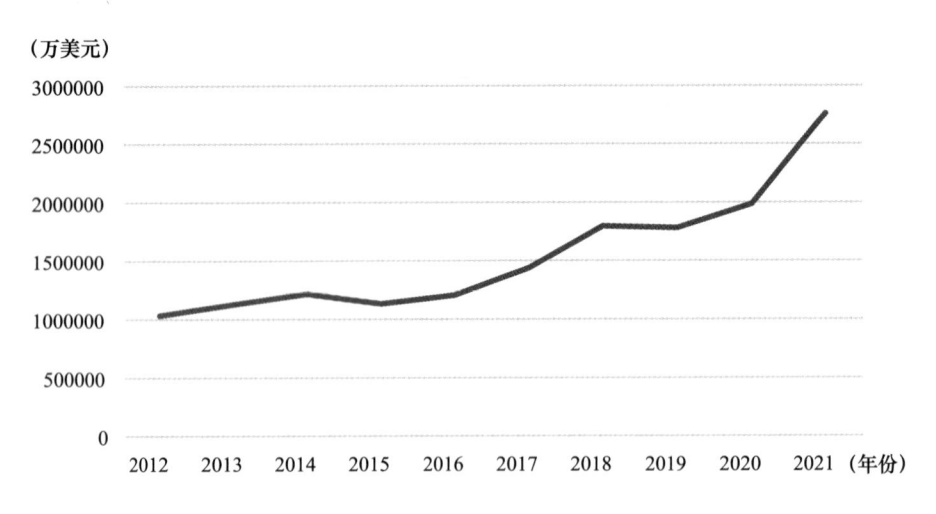

图 5-1　2012—2021 年东南欧九国对中国贸易额

资料来源：中华人民共和国海关总署。

从各国贸易统计数据来看，由于东南欧各国之间经济体量差距很大，各国与中国贸易额差距也很大。以 2021 年贸易数据为例，东南欧国家中罗马尼亚与中国贸易额最大，约为 102 亿美元，贸易额最小的国家是黑山，仅为 1.08 亿美元。2021 年东南欧国家中与中国贸易额超过 20 亿美元的国家有罗马尼亚（102 亿美元）、斯洛文尼亚（60 亿美元）、保加利亚（41 亿美元）、克罗地亚（23 亿美元）、塞尔维亚（32 亿美元）（见图 5-2）。同时，也可以看到这些对中国贸易额相对较高的东南欧国家，除了塞尔维亚外都是欧盟成员国，其中罗马尼亚是巴尔干地区幅员最辽阔、人口最多的国家，斯洛文尼亚是巴尔干地区经济发展水平最高的国家。

此外，不同国家关于对华贸易的双边统计数据也有很大差异。例如在 2018 年，克罗地亚方面统计的与中国贸易额约为 11.09 亿美元，[①] 而中方统计数字约为 15.4 亿美元。塞尔

---

① 中国驻克罗地亚经商参处网站：http://hr.mofcom.gov.cn/article/jmxw/201905/20190502863206.shtml。

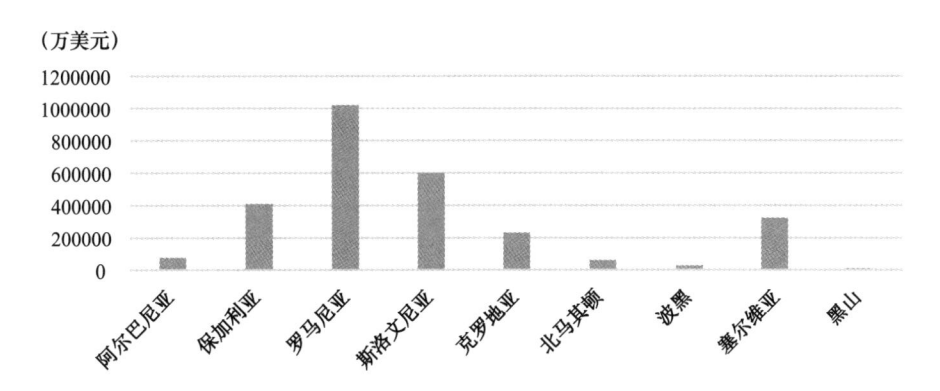

图 5-2　2021 年中国与东南欧国家贸易额

资料来源：中华人民共和国海关总署。

维亚方面统计的与中国的贸易额约为 22.09 亿美元，[①] 中方统计数字为 9.6 亿美元。罗马尼亚方面统计的与中国的贸易额为 59.4 亿美元，[②] 中方的统计数字为 66.78 亿美元。北马其顿方面统计的 2018 年上半年与中国的贸易额为 2.68 亿美元，[③] 中方统计 2018 年全年的贸易额数字仅为 1.56 亿美元。上述双边贸易统计数据的差异主要受到统计方法、汇率、统计渠道等因素的影响，但无论是中国还是东南欧国家的统计数据，都显现出双边贸易额不断增长，同时对华贸易逆差也在不断增大。

从贸易平衡度来看，无论是从中国的统计数据看还是从东南欧国家的统计数据看，东南欧国家在与中国的贸易中几乎都处于逆差地位，且逆差额总体呈现上升趋势。

[①] 中国驻塞尔维亚经商参处网站：http://yu.mofcom.gov.cn/article/ztdy/201903/20190302842132.shtml。

[②] 中国驻罗马尼亚经商参处网站：http://ro.mofcom.gov.cn/article/ztdy/201903/20190302847599.shtml。

[③] 中国驻罗马尼亚经商参处网站：http://mk.mofcom.gov.cn/article/jmxw/201809/20180902786336.shtml。

表 5-2　　　　　2015—2021 年东南欧国家对华贸易逆差　　（单位：万美元）

国家	2021 年	2020 年	2019 年	2018 年	2017 年	2016 年	2015 年
罗马尼亚	350706	263841	224713	233845	195393	199559	186548
斯洛文尼亚	63369	50869	289415	383377	239250	183246	180200
保加利亚	179721	137098	39022	29228	20040	46721	29503
克罗地亚	33991	13759	125003	111500	97650	85525	87381
塞尔维亚	99527	49818	67180	50367	33416	37747	30146
阿尔巴尼亚	16435	8112	49792	43224	25709	26861	28119
黑山	1153	5739	7049	13638	6616	7609	-4664
波黑	13797	7269	3782	3233	-848	4336	10974
北马其顿	37620	22714	-1493	5938	2155	2048	781

资料来源：中华人民共和国海关总署。

从表 5-2 可以看出，东南欧国家同中国的贸易逆差额在 2015—2019 年间呈明显逐年增加的趋势。但 2020—2021 年间东南欧不同国家对华贸易逆差则是有增有减，罗马尼亚、保加利亚、塞尔维亚、波黑、北马其顿等国对华贸易逆差持续增加，但其他的国家斯洛文尼亚、克罗地亚、阿尔巴尼亚、黑山对华贸易逆差则明显下降。

(2) 中国与东南欧国家贸易的特点

近年来中国与东南欧国家贸易有以下特点：

第一，双边贸易额近年来呈显著增长的趋势，大多数东南欧国家对华贸易显著增长。2012 年以来中国与东南欧国家贸易额稳步增长，除 2015 年出现小幅下滑外，截至 2021 年双边贸易额较 2012 年增长了约 163%。从国别来看斯洛文尼亚、塞尔维亚、罗马尼亚、波黑、北马其顿等国对华贸易增幅显著，特别是塞尔维亚，十年内该国对华贸易额增长了近 530%。此外，黑山、阿尔巴尼亚、克罗地亚对华贸易额增长较慢甚至有所下降（见表 5-3）。如果考虑到这些国家经济体量较小，对华贸易额较少，且上述国家与周边其他东南欧国家存在较为紧密的贸易关系，进出口主要通过周边国家实现，则他们对华贸易额的变化对于中国与巴尔干地区国家的整个贸易额影响不大。

表5-3　2021年较2012年中国同东南欧国家贸易额增长情况

国家	贸易增长率
罗马尼亚	170.49%
斯洛文尼亚	229.02%
保加利亚	117.03%
克罗地亚	68.58%
塞尔维亚	529.53%
阿尔巴尼亚	55.26%
黑山	-35.82%
波黑	292.70%
北马其顿	162.76%

资料来源：中华人民共和国海关总署。

第二，双边贸易产品结构的不平衡性直接导致了东南欧国家在对华贸易中大多处于逆差地位。多数东南欧国家对华贸易逆差近年来处于增长趋势，有的国家对华贸易逆差接近甚至超过对华贸易总额的一半。这种长期的贸易不平衡现象，主要因为中国产品的国际竞争力较强，而东南欧国家对华出口尚未有优势产品。东南欧国家制造业、高新技术产业相对于西欧国家仍较为落后，相对于中国来说其工业产品并不具有竞争优势。中国的劳动密集型产品如玩具、服装以及电子产品和机电产品的国际竞争力反而优势明显，是东南欧国家国内所需的。例如根据中华人民共和国商务部相关数据显示，2018年罗马尼亚对华出口主要产品分别为机电产品、木制品和光学、钟表、医疗设备；保加利亚对华出口的主要产品为贱金属及其制品；斯洛文尼亚对华出口的主要产品为机电产品。同时中国对以上三国出口的主要产品是机电产品、家具、玩具和纺织品及原料。

东南欧国家对于中国来说的优势产业,如农业产品领域,双边贸易额有限,这些国家的农产品、酒类、食品等品质高且具有特色的产品对华出口量十分有限。以农业为例,巴尔干地区气候、土地资源条件优越,塞尔维亚、罗马尼亚、保加利亚等国拥有广阔肥沃的黑土地和充足的阳光,是欧洲最具生态农业发展潜力的国家。东南欧国家农产品比较优势明显,其农产品的显性比较优势指数(Revealed Comparative Advantage,RCA)多处于中等和较强竞争力水平,而中国农产品的这一指数处于比较劣势水平。[1] 但是目前,中国与东南欧国家的农产品贸易量占比较少。2018年罗马尼亚、保加利亚对华出口产品中农产品及食品类的额度均不足1000万美元。[2] 总之,东南欧国家尚未有中国市场十分欢迎或急需的产品,使得对华产品的出口额无法有效增加,同时中国产品不断提升国际竞争力,东南欧国家的进口额不断增长,这些均是双边贸易不平衡现象无法消除且东南欧国家贸易赤字不断增长的主要原因。

第三,中国对东南欧国家贸易出口中的产品附加值并不高,这意味着双边的贸易逆差也并不能反映中国同东南欧国家贸易关系的真实情况。

在国际贸易中,附加值(Add Value)指的是生产国对中间产品进行加工制造后的总价值减去中间消耗的价值。附加值代

---

[1] UN-Comtrade 数据库显示,2018年巴尔干国家中除了斯洛文尼亚之外,其他国家的农产品 RCA 指数在 1.11—2.06,均位于中等和较强竞争力的水平。中国农产品 RCA 指数仅为 0.38,属于比较劣势的水平。参见郑国富《中国与中东欧 16 国农产品贸易合作的互补性与竞争性分析——基于"16+1"合作机制》,《经济论坛》2019年第6期。

[2] 参见《商务部国别贸易报告》,https://countryreport.mofcom.gov.cn/default.asp。

表了国家或者产业生产经营者的成果和实际利润。根据经济合作与发展组织（OECD）数据库的统计来看，和中国与中东欧国家双边贸易相比，中国对部分东南欧国家的外贸附加值并不高。

表 5-4　　　　　中国对部分东南欧国家附加值出口额　　（单位：百万美元）

国家	2012 年	2013 年	2014 年	2015 年
罗马尼亚	312.7	394.1	471.3	421.4
斯洛文尼亚	89.8	102.9	123.0	105.4
保加利亚	271.6	259.8	305.2	225.6
克罗地亚	48.5	53.6	63.5	53.8

资料来源："Trade in Valne Added（TiVA）2018 ed：Principle indicators"，OECD. stat，https：//stats.oecd.org/Index.aspx? datasetcode = TIVA_ 2018_ C1。

从表 5-4 可以看出，中国对罗马尼亚、保加利亚、斯洛文尼亚、克罗地亚这四个东南欧国家出口产品的附加值差距较大，最高的是 2014 年出口到罗马尼亚的附加值为 4.713 亿美元，最少的是 2012 年出口到克罗地亚的 0.485 亿美元。中国出口到上述四个东南欧国家的附加值自 2012—2015 年均有所增长，但是附加值在中国对上述四国出口额度中所占比例相对较低。根据 2014 年和 2015 年的数据来看，中国与这四个东南欧国家附加值贸易额占出口额的比重在 6%—26%，其中中国对保加利亚的附加值占比较高，超过了 20%，其次是罗马尼亚，在 14% 左右，斯洛文尼亚和克罗地亚占比在 6% 左右（见表 5-5）。

表 5-5　　　　2014—2015 年中国对四个东南欧国家出口
附加值占出口总额比重　　　　（单位:%）

国家	2014 年出口附加值占出口额比重	2015 年出口附加值占出口额比重
罗马尼亚	14.61	13.32

续表

国家	2014 年出口附加值占出口额比重	2015 年出口附加值占出口额比重
斯洛文尼亚	6.18	5.04
保加利亚	25.89	21.61
克罗地亚	6.18	5.46

资料来源：笔者根据 OECD 数据库数据计算。

通过以上数据可以看出，中国对上述四国的附加值出口比重相对较低，这与中国在全球贸易链所处的地位有关，中国对外出口以劳动密集型产品为主，中国作为世界工厂目前占据了全球的中低端制造业重要产能。对于东南欧国家来说，其进口的主要商品为劳动密集型产品如玩具、服装以及电子产品和机电产品等。虽然中国这类产品的国际竞争力优势明显，且大量被东南欧国家进口，但是该类产品的利润率较低，中方较低的附加值说明了上述东南欧国家从中国进口的商品价值，绝大多数产品价值通过中国回归到全球产业链中。东南欧国家对华贸易中虽然存在大量逆差，但不能说明这些逆差被中国或中方企业全部赚取，也不能反映双边贸易的真实情况。此外，考虑到东南欧国家与欧盟以及西欧大国密切的贸易关系，以及中国与欧盟及其重要成员国密切的贸易关系，在贸易和产业链全球化的今天，很难通过简单的双边贸易额或者是否存在贸易逆差来评价双边经贸关系。

2. 东南欧地区国家增加对中国出口的不利因素

整体而言，中国与东南欧国家贸易增长显著，但是东南欧国家对华贸易存在大量逆差，贸易失衡状况明显。除了前文所述东南欧国家对华出口产品竞争力不强，其具有特色的产品对华出口数量难以增加之外，影响东南欧国家增加对华出口的不利因素主要有以下三个方面。

(1) 国家产业规模有限，难以满足中国国内市场需求

东南欧国家从市场、经济规模等方面来看，都属于小国，其国内产业，特别是对华出口具有特色的产品生产规模有限。例如保加利亚2018年的酸奶年产量约为15万吨，其中约5万吨用于出口，出口的酸奶约有84.6%销往欧盟市场。① 保加利亚知名的产品玫瑰精油近年来的产量维持在1—2吨（2018年产量约为1.5吨）。② 就单独一个国家来看，东南欧国家国内产业规模有限，其优质特色产品产量较少，难以在短期内增加对中国的出口量，也难以满足中国庞大的市场需求。此外，东南欧国家优质产品的产量有限会带来两个不利因素：其一，如果中国大量进口这些国家的优质产品（特别是农产品、食品、酒类饮料等），可能导致其国内产品价格的上涨，影响东南欧国家国内消费者的利益；其二，从东南欧国家进口的产品也要面临海关、检验检疫方面的手续，由于产量较少，对中国市场影响力较低，国内相关部门对办理相关进口手续的积极性较低，也会降低其产品进入中国市场的速度和效率。

(2) 互联互通水平较低和地区基础设施老化，不利于双边货物贸易

东南欧国家的基建设施，特别是交通基础设施老化严重，东南欧国家之间的互联互通条件不佳，这影响了地区物流效率，从而影响了双边贸易活动效率的提高。从世界经济论坛2019年发布的《全球竞争力报告》来看，斯洛文尼亚、克罗地亚两国的基础设施情况稍好，塞尔维亚、罗马尼亚、保加利亚的基础

---

① 保加利亚农业部网站：https://www.mzh.government.bg/media/filer_public/2019/10/25/spa_mliako_oktomvri_2019.pdf.

② 保加利亚农业资讯网站：https://agri.bg/novini/350-kg-dka-e-sredniyat-dobiv-ot-maslodaynite-rozi.

设施情况略差一些，其他东南欧国家基础设施情况则比较落后，在全球范围内排名 70 位之后（见表 5-6）。此外，东南欧国家的信息化水平也不容乐观，无论是得分和排名都比较靠后。现代交通物流业对于信息化水平的要求越来越高，较低的信息化水平也会导致交通运输效率低下，从而影响货物和贸易通畅。交通基础设施的落后，使得其难以提升货物运输效率，特别是在运输易腐烂变质的水果、蔬菜、肉类、奶制品等生鲜产品时，运输时间增加、运输储存环境恶劣，增加了运输成本和销售风险。

此外，中欧班列目前大多经过中欧国家，特别是 90% 的中欧班列中转都是在波兰，直达巴尔干地区的中欧班列数量较少（目前仅开通了山东济南至塞尔维亚的班列）；南起希腊比雷埃夫斯港，北至匈牙利布达佩斯的中欧陆海快线尚处于建设中，中国与东南欧国家之间还没有形成直接、高效的贸易运输通道。东南欧国家各国情况不同，既有欧盟成员国也有非欧盟成员国，海关、质检、物流信息以及法律规则也各不相同，同时由于贸易量有限，双方在有关贸易方面的"软联通"尚未形成高效的合作机制。

表 5-6　　2018 年东南欧国家交通基础设施质量全球排名

国家	基础设施得分	基础设施排名	信息化水平得分	信息化水平排名
斯洛文尼亚	78.1	33	69.2	40
克罗地亚	78.2	32	60.7	60
罗马尼亚	71.7	55	72.0	32
保加利亚	71.3	56	73.4	30
塞尔维亚	73.8	51	52.6	77
阿尔巴尼亚	57.7	98	52.9	75
波黑	63.0	84	51.6	80

续表

国家	基础设施得分	基础设施排名	信息化水平得分	信息化水平排名
黑山	63.6	83	62.9	57
北马其顿	66.9	75	57.6	70

资料来源：Klaus Schwab ed., "The Global Competitiveness Report 2019", https: // www.weforum.org/reports/global-competitivness-report-2019。

（3）东南欧地区产品知名度与对华市场依存度不高

由于东南欧国家在中国国内市场的占有率不高，其具有特色的农产品、食品、酒类等也面临世界其他农产品强国的激烈竞争，使得东南欧国家产品在中国国内市场的知名度较低，中国消费者对其认知和了解程度较低。目前中国国内只有少数商场和高端超市会出售一些东南欧国家的产品。

东南欧国家的主要贸易伙伴在欧洲以及俄罗斯和土耳其，特别是与欧盟的贸易关系十分紧密，其对外出口市场也主要集中在上述地区和国家。当前虽然中国在东南欧国家贸易伙伴中的地位越来越重要，但是作为出口市场而言，中国仍然不是东南欧国家对外出口的主要目的地。相对较低的对华出口市场依存度，也使得东南欧国家扩大对华出口的动力不足，因为依靠周边地区国家的市场就可以满足出口需求。

（三）中国与东南欧国家投资现状及挑战

东南欧地区是中国在欧洲投资的重要区域，特别是在2012年中国—中东欧国家合作机制建立以来，中国对巴尔干地区，特别是西巴尔干地区国家的投资增长显著。作为"一带一路"建设的重要节点地区，中国在巴尔干地区的投资合作模式值得总结，同时在投资过程中遇到的问题和挑战需要深入思考。

1. 中国在东南欧国家投资总体情况及主要特点

从总体投资关系来看，中国与东南欧国家的投资关系呈现单向性特点，即中国在东南欧国家的投资额逐渐增长，东南欧国家在中国的投资额极少。中国对东南欧国家投资领域涉及范围较广，虽然相比其他欧洲国家来说投资额并不是很高，但是引起了欧盟以及西欧大国的注意。

（1）总体情况

整体而言，中国在东南欧国家投资总额相对较少，根据相关统计数据来看，2020年中国在巴尔干九个国家的投资存量约为12.78亿美元。与此同时，中国在巴尔干地区国家投资额近十年来一直处于稳步增长的状态。至2020年中国在该地区的九个国家的投资存量是2009年的近10倍，特别是2012年以来，中国对巴尔干地区国家的投资额增幅明显（见表5-7）。

中国对东南欧国家投资存量虽然并不高，从表5-7可以看出，2009年中国对东南欧国家直接投资存量仅有几十万至几百万美元（除罗马尼亚外），但是近年来中国对东南欧国家投资的增长十分明显。以罗马尼亚、保加利亚、克罗地亚和塞尔维亚四国为例，上述四国是中国在东南欧国家直接投资存量较多的国家，2020年中国在罗马尼亚的投资存量是2009年的约3.15倍，保加利亚达到近67倍以上，斯洛文尼亚达到近39倍，塞尔维亚则是有115倍以上（见图5-3）。

就投资领域来看，中国在东南欧国家的投资领域涉及交通、能源等基础设施建设项目以及各类制造业。从表5-8可以看出，中国在东南欧国家的交通、能源等基础设施建设项目投资比较多。交通基础设施项目涉及了铁路、公路、码头、机场等多个具体建设领域；能源涉及了火电、风能、太阳能

表5-7　2009—2020年中国对东南欧国家直接投资存量

（单位：万美元）

国家	2009年	2010年	2011年	2012年	2013年	2014年	2015年	2016年	2017年	2018年	2019年	2020年
保加利亚	231	1860	7256	12674	14985	17027	23697	16607	25046	17109	15681	15584
克罗地亚	810	813	818	863	831	1187	1182	1199	3908	6908	9840	25264
罗马尼亚	9934	12495	12583	16109	14513	19137	36480	39150	31007	30642	42827	31316
斯洛文尼亚	500	500	500	500	500	500	500	2686	2725	4009	18960	4680
波黑	592	598	601	607	613	613	775	860	434	434	1670	2286
塞尔维亚	268	484	505	647	1854	2971	4979	8268	17002	27141	16473	31057
黑山	32	32	32	32	32	32	32	443	3945	6286	8509	15308
阿尔巴尼亚	435	443	443	443	703	703	695	727	478	642	711	600
北马其顿	20	20	20	26	209	211	211	210	203	3630	2109	1710
合计	12822	17245	22758	31901	34240	42381	68551	70150	84748	96801	116780	127805

资料来源：笔者根据《2020年度中国直接对外投资统计公报》整理。

(百万美元)

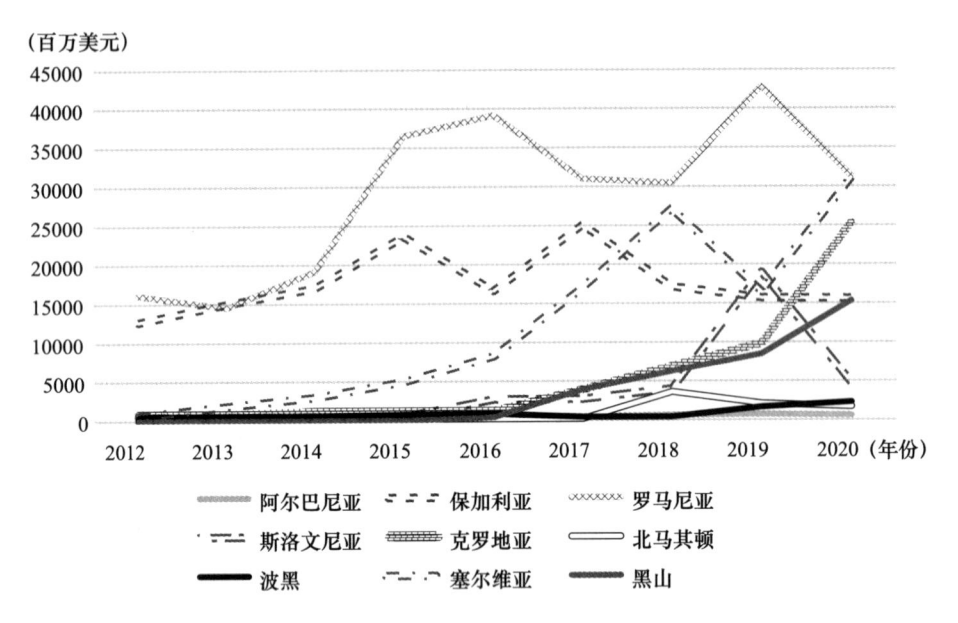

图 5-3　2012—2020 年中国对东南欧国家直接投资存量增长情况

资料来源：笔者根据《2020 年度中国直接对外投资统计公报》整理。

等多个领域。

表 5-8　近年来中国在东南欧国家的重要投资项目

项目名称	国别	项目类别	参与方式	项目金额	备注
中国光大控股有限公司收购地拉那国际机场	阿尔巴尼亚	交通	并购		交易完成后，将接管地拉那国际机场的特许经营权至 2025 年（阿尔巴尼亚政府批准后，经营权可延后两年至 2027 年）
华大智造拉脱维亚基地	阿尔巴尼亚	生物医药	绿地投资		2019 年 11 月 26 日，深圳华大智造科技有限公司拉脱维亚基地在拉脱维亚首都里加正式开幕启用，旨在搭起中欧生命健康研究和产业合作的桥梁

续表

项目名称	国别	项目类别	参与方式	项目金额	备注
温州矿山井巷公司承建阿布尔奇泽铬矿9号盲竖井项目	阿尔巴尼亚	能源基建	承建项目	1000万元	该项目由阿尔巴尼亚BAL-FIN集团投资，总投资额约合1000万元，温州矿山井巷工程有限公司负责矿山整体设计、施工并提供相应设备、技术及人员
中国机械设备工程有限公司承建保加利亚瓦尔纳（Varna）港口基础设施开发工程	保加利亚	交通	承建项目	550万美元	中国机械设备工程有限公司与保加利亚瓦尔纳中心物流港口公司（Logistic Center Varna EAD）签署了一份价值550万美元的合同
中国电动车生产商恒源电动汽车集团在普罗夫迪夫市附近的经济区建立电动汽车集成厂	保加利亚	汽车制造业	绿地投资	1160万欧元	在保加利亚生产60%小型电动汽车使用的部件，并送至特拉基亚经济区的工厂组装。保加利亚工厂变成区域内的电动汽车组装中心，同时也是电动汽车部件生产和维修中心，该项目将增加250—300个工作岗位
比亚迪汽车与保加利亚Bulmineral能源公司成立合资公司	保加利亚	新能源汽车制造	绿地投资	3000万欧元	比亚迪汽车与保加利亚Bulmineral能源公司于2012年12月11日签约成立合资公司Autogroupmotors，在保组装生产电动公交车。组装厂位于保加利亚首都索非亚以西50千米的布雷兹尼克市。本次投资是中国新能源汽车企业首次与保加利亚进行投资合作
中国海航机场集团扩建保加利亚普罗夫迪夫机场	保加利亚	交通	承建项目	7900万欧元	中国海航机场集团获得该机场35年的运营权。投资7900万欧元

续表

项目名称	国别	项目类别	参与方式	项目金额	备注
斯塔纳里火电站项目	波黑	能源	政府贷款+企业担保	5.5亿欧元	斯塔纳里火电站是中波建交以来首个大型基础设施合作项目,该火电站不仅按计划持续顺利生产,而且严格遵守欧盟各项环保标准。斯塔纳里火电站是过去30年波黑能源领域最大的投资,是首个使用中国—中东欧国家合作100亿美元专项贷款的项目,也是竣工的第一个项目
图兹拉电站7号机组项目	波黑	能源	政府贷款+当事国配套	10亿欧元	图兹拉火电站是波黑内战结束后最大的能源投资项目,并运用目前世界上最先进的技术和环保标准
优乐高(ULOG)水电站	波黑	能源	政府贷款	1.8亿欧元	2017年签署合作备忘录,2019年项目启动
中国航空技术国际工程有限公司承建北比捷拉水电站	波黑	能源	政府贷款	1.95亿欧元	塞族共和国将为水电站建设贷款提供担保。Buk Bijela水电站项目工程装机容量93.52MW,年均发电量332.30GWH
多博伊医院新院建设项目	波黑	医疗卫生	承建项目	1495万欧元	2018年11月,多博伊医院新院建设的合同顺利签署,该项目由中国国际医药卫生有限公司负责承建
黑山南北高速公路	黑山	交通	政府贷款+当事国配套	11.1亿美元	推动互联互通、扩展市场、提升企业能力

续表

项目名称	国别	项目类别	参与方式	项目金额	备注
中土集团黑山铁路修复改造项目科拉欣—科斯段工程	黑山	交通	承建欧洲复兴开发银行项目	700万欧元	设计施工均采用欧盟技术标准。该项目为中国土木工程集团有限公司在中东欧地区承揽的第一个铁路工程建设项目
佩列沙茨跨海大桥	克罗地亚	交通	中国承建欧盟项目	2.8亿欧元	2018年1月12日，中国路桥工程有限责任公司联合体成功竞得佩列沙茨大桥及其连线一期工程项目，涉及金额2.8亿欧元，合同工期36个月，是中克建交以来最大的合作项目
北方国际合作股份有限公司投资布林涅风力发电站	克罗地亚	能源	并购	1.79亿欧元	至少雇用100名当地员工
中国骆驼集团投资里马茨汽车公司（Rimac）	克罗地亚	汽车制造业	绿地投资	3000万欧元	骆驼集团将向里马茨公司投资3000万欧元，其中2700万欧元用于电动汽车，300万欧元用于里马茨旗下的Greyp电动自行车
中国华信收购哈萨克斯坦国家油气国际公司	罗马尼亚	能源	并购		中国华信能源有限公司将持有哈萨克斯坦国家油气国际公司（哈国家油气国际公司）51%的股权，哈国家油气公司持有另外49%的股权
宁波华翔电子股份有限公司在罗马尼亚建设汽车配饰工厂	罗马尼亚	汽车制造业	绿地投资	3000万美元	在罗马尼亚投建新的汽车配饰工厂，计划新的工厂于2017年第一季度开工，2019年完工

续表

项目名称	国别	项目类别	参与方式	项目金额	备注
华电—奥尔特尼亚罗维纳里燃煤电站项目	罗马尼亚	能源		10亿欧元	2016年4月12日,中国华电工程有限公司与罗马尼亚政府宣布双方将正式成立华电—奥尔特尼亚罗维纳里燃煤电站项目合资公司。具体实施热电厂项目,该项目装机容量600兆瓦,预计总投资10亿欧元,建设周期3年,将带来4000多个就业岗位
雅西公路翻新项目5标段	罗马尼亚	交通	承建	2310万美元	2018年9月,中国电力建设集团有限公司中标罗马尼亚雅西公路项目,该项目采购商为罗马尼亚国家公路基础设施管理公司(雅西),资金来源是罗马尼亚国家财政预算
北马其顿高速公路	北马其顿	交通	政府贷款	5.79亿欧元	由中国—中东欧国家合作100亿美元专项贷款支持,中方提供的优买贷款约5.79亿欧元,期限20年
科佳水电站项目	北马其顿	能源	政府贷款+承建	8700万美元	中国水利水电对外公司于2002年年底正式接手该项目,工程施工初期受科索沃战争和北马其顿安全危机等因素影响,一度中断,2004年9月水电站投入运营
泽蒙—博尔察大桥	塞尔维亚	交通	政府贷款		该项目由中国进出口银行提供贷款、中国路桥工程有限责任公司负责设计和施工。大桥主体工程于2014年12月完工,大桥及附属连接线项目于2015年10月通车

续表

项目名称	国别	项目类别	参与方式	项目金额	备注
匈塞铁路塞尔维亚段	塞尔维亚	交通	政府贷款		塞尔维亚境内184千米。该项目为电气化客货混线铁路,设计最高时速为每小时200千米,建设工期两年。建成通车后,两地之间的列车运行时间将从8小时缩短至3小时以内。这一铁路项目由中国国家铁路集团有限公司牵头组成的中国企业联合体承建
斯梅代雷沃钢厂	塞尔维亚	制造业	并购	4600万欧元	2016年7月,河钢集团有限公司成功完成了对塞尔维亚钢铁有限公司的收购,7月初管理团队进入塞钢全面接管。接管后的5个月扭转了斯梅代雷沃钢厂亏损的局面,月钢产量由3万吨提升到15万吨,2016年12月实现了盈利
玲珑轮胎投资塞尔维亚	塞尔维亚	轮胎制造	绿地投资	9.94亿美元	2018年8月23日,山东玲珑轮胎股份有限公司与塞尔维亚政府签署合作备忘录,宣布将投资9.9亿美元建设年产能1362万套的高性能子午线轮胎生产工厂。工厂预计于2021年生产出首批轮胎,项目建成后,可年产乘用车轮胎1200万套、卡客车轮胎160万套、工程胎及农用子午胎2万套
紫金矿业投资塞尔维亚	塞尔维亚	矿业	并购	约14.6亿美元	紫金矿业集团股份有限公司中标塞尔维亚博尔铜矿项目,投资总额达14.6亿美元,并拥有63%的所有权。2019年1月1日紫金矿业正式接管博尔铜矿并将保留原公司5000个工作岗位

续表

项目名称	国别	项目类别	参与方式	项目金额	备注
山东高速集团承建的塞尔维亚瓦列沃至拉伊科瓦茨快速路项目	塞尔维亚	交通	承建项目	1.58亿欧元	2020年6月开工，该高速公路属于泛欧运输走廊11号的一部分
塞尔维亚"铁路线汇合G点—拉科维察—雷斯尼克"段铁路修复改造项目	塞尔维亚	交通	承建项目	2866万美元	由欧洲复兴开发银行提供贷款，项目由中国土木工程集团有限公司承建。于2017年3月30日举行开工仪式，标志着中国公司使用欧盟资金在塞实施的第一个铁路项目进入施工阶段
中国路桥建设塞尔维亚E763高速公路项目	塞尔维亚	交通	政府贷款		塞尔维亚E763高速公路是中国—中东欧国家合作机制下首个落地的基础设施项目，也是中国企业在欧洲承建的第一条高速公路，全长约300千米。2019年8月18日，塞尔维亚E763高速公路奥布雷诺瓦茨—利格段顺利通车。2019年12月18日，E763高速公路苏尔钦—奥布雷诺瓦茨段顺利通车
金诚信矿业管理集团建设蒂莫克（Timok）金铜矿场	塞尔维亚	矿产	承建	3750万美元	2019年4月30日，金诚信矿业管理股份有限公司和塞尔维亚共和国的矿产公司Rakita Exploration签署了一份价值高达3750万美元（约3350万欧元）的合同，该合同是关于塞尔维亚东部的蒂莫克（Timok）金铜矿场建造工程

续表

项目名称	国别	项目类别	参与方式	项目金额	备注
中国建电建设贝尔格莱德绕城公路工程	塞尔维亚	交通	政府贷款	16.9亿元	2016年11月5日，在第五次中国—中东欧领导人峰会期间，中国电力建设集团有限公司在拉脱维亚首都里加签署塞尔维亚贝尔格莱德绕城路项目。该工程建成后将连通欧洲10号和11号交通走廊，提高贝尔格莱德地区通行能力
中国银隆收购塞尔维亚巴士制造商Ikarbus	塞尔维亚	机械制造	并购		2018年9月，银隆新能源股份有限公司收购塞尔维亚Ikarbus公司，并将取得公司的合法所有权，成为最大的股东。将在塞尔维亚制造电动巴士，并将产品销往东南欧市场
中国路桥与塞尔维亚合作建造博尔察（Borča）工业园	塞尔维亚	交通	政府贷款	2.2亿欧元	中国路桥工程有限责任公司将对该项工程投入2.2亿欧元；而将在园区置业的各家企业，其投资总额达20亿欧元左右。工业园占地320公顷，预计吸引近1000多家中国企业进驻，创造一万多个工作机会
中国机械设备工程股份有限公司扩建科斯托拉茨发电厂	塞尔维亚	能源	承建	10.6亿美元	是中国第一个进入欧洲的电力总承包项目，由中国机械设备工程股份有限公司承建的科斯托拉茨电站B厂项目，总金额10.6亿美元，分两期执行
中国与丹麦公司合资在塞尔维亚设立艾瑞斯特床垫厂	塞尔维亚	制造业	绿地投资+第三方合作	1500万美元	2012年，江苏恒康家居科技有限公司与丹麦Everrest APS公司合资成立塞尔维亚艾瑞斯特制品有限公司，2014年该合资公司在塞尔维亚鲁玛市建设记忆绵床垫和记忆棉枕生产厂

续表

项目名称	国别	项目类别	参与方式	项目金额	备注
浙江康意洁具有限公司投资伊斯特拉（Istra）水龙头公司	塞尔维亚	卫生洁具	绿地投资	3500万欧元	在塞尔维亚北部城市库拉投资3500万美元并雇用500名员工
CMEC扩建塞尔维亚第二大煤矿KOSTOLAC煤矿	塞尔维亚	矿业	政府投资	1.23亿美元	2017年1月，中国机械设备工程股份有限公司正式启动价值1.23亿美元的煤电项目，将扩建塞尔维亚第二大煤矿KOSTOLAC煤矿，并在煤矿附近一座发电厂新建35万千瓦的发电机组
中国建筑工程总公司与斯洛文尼亚签署马里博尔机场扩建项目	斯洛文尼亚	交通	承建	6.6亿欧元	该项目为斯洛文尼亚国家和政府规划的重点项目，已被斯洛文尼亚政府列入中国—中东欧国家合作重点项目清单
中国恒天集团与国际合作方联合收购斯洛文尼亚TAM—DuraBus客车公司	斯洛文尼亚	汽车制造	并购		2013年由中国恒天集团有限公司及其合作伙伴联合收购，中方控股。收购完成后，该公司将致力于机场大巴、旅游大巴、中巴和底盘的生产及销售

资料来源：笔者根据网上相关信息整理。

（2）主要特点

中国在巴尔干地区的投资合作项目主要有以下三个特点。

第一，基建项目集中在西巴尔干地区的未加入欧盟的国家。相比较中东欧其他区域如V4集团（波兰、匈牙利、捷克、斯洛伐克）和波罗的海国家（立陶宛、拉脱维亚、爱沙尼亚），中国在巴尔干地区的交通、能源等基建投资项目较多,中国—中东欧国家合作机制下的基建投资项目几乎都集中在巴尔干地区。同时,中国在巴尔干地区的基建项目又多集中在西巴尔干的尚未加入欧盟的国家,如塞尔维亚、黑山、北马其顿。这种情况主要在于:首先,欧盟成员国在基建项目方面的各类门槛较高,如对投资项目的技术水平、劳工待遇、环保标准等,中国基建企业进入欧盟市场面临的准入条件较多,这对于"走出去"经验尚不丰富的中国企业来说是一项挑战。其次,欧盟成员国每年能从欧盟获得用于基建的资金,对于来自中国的基建投资兴趣不高。欧盟资金主要包括结构基金和聚合基金。其中结构基金最为重要,在消除成员国或地区差异方面起关键性作用,占欧盟财政的76%以上。聚合基金主要资助人均国民收入低于欧盟平均水平90%的成员国。罗马尼亚、保加利亚、斯洛文尼亚、克罗地亚等巴尔干地区的欧盟成员国每年可以获得上述资金用于本国基础设施建设。对于未入盟的西巴尔干国家来说,一方面本国对于基础设施建设的需求较大,同时来自外部的资金有限;另一方面作为非欧盟成员国,西巴尔干国家可以避免欧盟各种规则门槛,便利中国企业进入该地区,使中国在西巴尔干地区的基础设施投资项目较为集中。塞尔维亚议会外事委员会主席扎尔科·奥布拉多维奇(Zarko Obradovic)就在一次会议上直言欧盟对中国企业投资有限制,塞尔维亚则不存在。[①]

第二,中方贷款、并购项目、绿地投资等多种投资方式并行。在基础设施建设领域,中国在巴尔干地区,特别是西巴尔干地区的投资项目多以国家主权信用担保的方式获得中方贷款。这种投资方式,由中国的政策性银行(中国进出口银行)以"两优"贷款(援外优惠贷款和优惠出口买方信贷)的方式向有关国家提供

---

① 笔者根据2020年6月12日"后疫情时代如何推进中国—中东欧国家合作"线上国际研讨会发言整理。

信贷资金，接受信贷资金的国家以本国主权作为资金担保，也意味着这种投资列入了该国的政府债务中。在并购和绿地投资方面，中国企业在巴尔干地区积极有为，在汽车、钢铁、机械等多个制造业领域都有成功投资的合作案例。东南欧国家制造业有着一定基础，由于多年来囿于发展资金有限，很多制造业企业，特别是国有企业经营状况不佳，亟须外部投资的帮助。中国在东南欧国家的并购和绿地投资项目，一方面推动了当地制造业发展，带来了产业振兴；另一方面，为当地提供了大量工作岗位。这对于制造业发展缓慢、国内就业情况不乐观的东南欧国家来说无疑有着重要意义，因此这类投资，特别是绿地投资项目非常受相关国家的欢迎。

第三，中国企业承建项目较多，同时第三方合作方兴未艾。近年来，中国企业在中东欧国家承包工程项目日益增多，在东南欧地区国家的承包项目是最多的。根据国家统计的相关数据，2017—2018年中国在中东欧地区承包工程的70%—80%完成额都在东南欧国家，其中在塞尔维亚、波黑、黑山、北马其顿等西巴尔干国家的比重较高。[①] 承包工程以铁路电气化改造、高等级公路施工、特大桥梁建设等交通道路基础设施为重点，逐步成为中国企业在该地区国家共建"一带一路"高质量发展的亮点。一些企业出色地完成了项目，如塞尔维亚塞尔高速公路项目，受到了当地政府和人民群众的好评。中国路桥承建的佩列沙茨大桥项目按照计划稳步推进，受到克罗地亚政府的称赞。中国企业的优质管理和高效施工，受到东南欧国家政府的欢迎，同时与中东阿拉伯地区、非洲、拉丁美洲地区的国家相比，这一地区的社会相对稳定，法治比较健全，这为中国企业承包实施

---

① 国家统计局网站：http：//dhttp：//data. stats. gov. cn/easyquery. htm? cn = C01&zb = A060H&sj = 2019ata. stats. gov. cn/easyquery. htm? cn = C01&zb = A060H&sj = 2019.

工程项目提供了相对稳定有序的社会环境。

中国企业与欧洲其他国家企业在东南欧地区开展第三方市场合作，也出现了良好势头。中国电力建设股份有限公司计划于2020年开始进行贝尔格莱德地铁建设工程，法国工程企业Egis也将参与其中。2019年11月，中国建筑股份有限公司和中国电力建设股份有限公司承建的波黑泛欧5C走廊高速公路查普利纳（Čapljina）段项目正式开工，工程总造价约1亿欧元，由欧洲投资银行（EIB）提供融资，这是中国企业首次在波黑同欧盟开展三方合作项目。由意大利水泥集团投资、中材建设有限公司总承包的保加利亚代夫尼亚水泥厂项目，于2015年2月竣工，这是中国公司在保加利亚承包的最大项目。2012年中国与丹麦公司合资在塞尔维亚设立艾瑞斯特床垫厂。中国和欧盟发达成员国在东南欧地区开展第三方市场合作具有较大潜力。欧洲发达国家对东南欧地区国家历史文化、社会制度了解甚深，他们的企业在该地区设立了大量的分支机构，对该地区以及整个欧盟的市场运作经营有着丰富的经验。开展第三方市场合作有利于引导欧洲发达国家参与项目建设，降低中国企业进入东南欧地区的投资风险，消减欧盟少数成员国对中国投资项目透明度、资金来源、投资回报的疑虑。

2. 中国在东南欧投资合作面临的挑战

中国在东南欧开展各类投资合作已有不少年头，但相对于该地区的其他利益相关者，特别是欧盟来说，中国在该地区的投资力度并不强，投资合作基础相对薄弱。在这种情况下，中国发展在巴尔干地区的投资合作，引起了欧盟等利益相关者的质疑与警惕。

（1）欧盟对中国在东南欧地区活动的质疑和约束

欧盟作为东南欧地区外部投资最大的来源地，对中国在该地区的投资活动提出了质疑。

"破坏规则标准论"。欧盟重视规则标准，随着中国的日益强大，欧盟将中国视为系统性竞争者，警惕中国企业监管和审查力度不断加强，规锁的意图明显。中国和欧盟在投资规则方面确实存在诸多差异。特别是中国在中国—中东欧国家合作机制以及"一带一路"倡议下发展同东南欧国家的关系，欧盟及部分欧盟成员国（特别是德国）对中国通过相关合作机制增加对巴尔干地区的投资表示不满，一直强调在欧盟成员国的投资活动要遵守欧盟的规则和标准。在西巴尔干地区，一些欧洲智库指责中国的投资活动破坏了欧盟长期以来在该地区的规则标准，不利于这些国家提升对欧盟价值观和规则的认同。特别是认为中国的投资项目运作不透明导致腐败滋生。然而，实际情况是中国是现有国际秩序的维护者、建设者和改革者。随着综合实力不断增强，中国在现有国际规则中的话语权并未得到相应提升，美欧等西方国家通过国际规则不断打压中国，国际规则的弊端也日益显现，改革势在必行。

"债务陷阱论"。当前，西方国家刻意制造中国给债务国带来"债务陷阱的论调"，这一观点集中体现在中国对黑山共和国的投资合作项目上。南北高速公路是黑山第一条高速公路，由中国交通建设股份有限公司、中国路桥工程有限责任公司承建，全长约180千米，2015年5月开工，共分5段建设。南北高速公路的建设对黑山具有重要意义，这条高速公路将南部的巴尔港同中东欧主要交通走廊和市场相连，黑山也有望成为欧洲与中国贸易通道上重要的交通和运输枢纽之一。中国进出口银行以优惠贷款的形式为该项目提供了85%的资金，约11.1亿美元。对此欧洲智库及相关机构认为，黑山作为巴尔干地区的小国，中国的贷款使其政府债务水平明显提高，而黑山南北高速公路经济收益难以满足偿付中方贷款及利息的要求。一旦黑山政府难以还贷，中国直接要求获得其承建的项目，或者也可能要求债务国采取亲中国的外交政策。无论中国对黑山的目的如何,"欧盟都很难接受这样一个既被中国要挟又陷入债务的新成员国"①。事实上,黑山的公共债务水平并没有因中国的贷款而暴涨。

"环境破坏论"。欧盟对中国在西巴尔干国家进行的能源投资项目的环保水平有一定疑虑,指责中国在能源领域的投资破坏了当地环境,不符合欧盟相关规定,也让对象国偏离了欧洲发展价值导向。欧盟机构及部分智库认为包括塞尔维亚科斯托拉茨(Kostolac)火电站以及波黑图兹拉(Tuzla)火电站、巴诺维契(Banovici)火电站等项目,增加了当地的碳排放量,对中国在火电站中使用的环保设备质量和标准表示怀疑。实际上中国的能源投资项目完全符合欧盟的环保标准,以波黑图兹拉火电站为例,这一项目符合波黑发展清洁火电的战略需求,全厂采用欧标设计,排放指标满足欧盟最新排放标准,是波黑第一个采用欧盟最新环境排放标准的火力发电机组。

欧盟在提出上述怀疑和指责的同时,对于中国的投资项目也逐步采取了实际行动,加强了对中国投资的安全评估与规则审查,强调成员国需要在债务水平、环保标准和劳动力使用等方面严格遵守欧盟规则。例如斯洛文尼亚的科佩尔—迪瓦卡铁路项目中,中国路桥集团等中方企业都表达了强烈的投资兴趣,但最终斯政府拒绝了中方企业的提案,其中的一个重要原因就是担忧政府债务水平过高,超出欧盟对成员国财政状况的要求。

对于东南欧地区的非欧盟成员国,欧盟通过各类投资工具和平台加强对该地区基础设施项目的投资。据估计,2014—2020年,欧盟对西巴尔干国家用于互联互通建设的预算是42亿欧元,而欧盟的入盟前援助(Instrument for Pre‑Accession,

---

① How China Challenges the EU in the Western Balkans, https：//thediplomat.com/2019/09/how-china-challenges-the-eu-in-the-western-balkans/.

IPA）项目为这些国家提供的总拨款接近60亿欧元。① 欧盟针对西巴尔干未入盟国家专门制定了西巴尔干投资框架（Western Balkans Investment Frame Work，WBIF），用来促进西巴尔干国家社会经济的发展。自2009年实施以来，西巴尔干投资框架已经资助了西巴尔干国家172个建设项目，投入资金超过10亿欧元，预计所有项目建成后总值为183亿欧元。西巴尔干投资框架目前已经成为西巴尔干国家能源、环境、交通、数字基础设施建设的主要资金来源平台。在该框架下，欧盟作为发起方投入部分启动资金，同时欧洲投资银行、欧洲复兴与开发银行以及部分欧盟成员国共24个机构或国家作为参与伙伴，共同向该框架投入资金。欧盟利用该框架撬动了四倍于自身投资的资金。②

（2）中国在东南欧地区投资优势的减弱

在欧盟加强对巴尔干地区规则约束以及增加基建领域投资的同时，中国在该地区投资优势减弱。

第一，中国在东南欧地区投资项目的金融支持有限。2012年提出的中国—中东欧国家合作机制100亿美元专项贷款额度已接近使用完毕。其他可以获得融资支持的工具，如股权类的中国—中东欧投资合作基金、商业性的中国—中东欧基金，以及开发性金融的中国—中东欧银行联合体，融资机制尚未健全，融资能力有限，不能满足在东南欧国家的投资需求，因此未来中国在巴尔干地区投资项目背后的金融支持力度令人担忧。

第二，在基金项目合作方式上难以实现突破。目前中国在

---

① Ardian Hackaj, Connectivity Agenda and Structural Weakness of EU Candidate Countries, Working paper, 2019, Cooperation and Development Institute, https：//cdinstitute.eu/wp-content/uploads/2020/04/Connectivity-Agenda-and-Structural-Weaknesses-of-EU-Candidate-Countries-4.pdf.

② The Western Balkans Investment Framework（WBIF），https：//wbif.eu/about/about-wbif.

东南欧国家开展的重大基金项目投资，多是以主权担保贷款的形式进行，考虑到政府负债率，公私合营模式（PPP模式）是很多东南欧国家所希望的一种融资模式。PPP模式是指在提供公共物品和服务（如基础设施建设）时，政府与私人组织之间，以特许权协议为基础，彼此之间形成一种伙伴式的合作关系，并通过签署合同来明确双方的权利和义务。PPP模式将部分政府责任以特许经营权方式转移给企业，政府与企业建立起"利益共享、风险共担、全程合作"的共同体关系，可以减轻政府的财政负担。中东欧国家的基础设施建设领域广泛使用了PPP融资模式，中东欧国家也鼓励中国企业采取PPP模式投资交通基建项目。PPP模式是中东欧国家今后发展的趋势，但目前在中东欧地区发展PPP模式也伴随着风险，主要有：东南欧国家与中国相关企业都对于PPP模式经验不足，根据2015年的统计，大部分中东欧国家PPP资产价值占GDP的比重低于1%，有很多国家甚至尚未有PPP资产；[①] 东南欧国家政府换届后对前任政府签订的PPP合作协议会有改变，从而具有政治风险；东南欧国家政府对这一类项目审批过程较长，造成PPP合作的效率低下。

第三，中国企业投资项目的审批效率较低。目前国有企业是中国在东南欧地区的投资主力，国家为了防止国有资产流失，在企业计划对外投资时，需要经过国家、省和市三个级别审核，并涉及经贸、外经贸与外汇三条线审批。这一系列审批流程，导致企业投资项目受到监管审批机构制约。投资过程效率高，被认为是中国投资项目优于欧盟投资项目的长处，但目前国内这种项目的审批程序，无疑导致了投资项目落地周期增长、效率降低。

---

① 姜建清编：《中东欧经济研究报告2017年——发展概况、愿景及风险》，中国金融出版社2018年版，第284页。

第四，新冠疫情对新项目落地造成严重阻碍。2020年新冠疫情在全球暴发后，中欧之间的人员交流受到严重阻碍，许多意向性的项目由于人员往来中断而导致谈判、落地无法进行，许多投资交流合作活动被迫改为在线上进行。然而，线上活动难以取代线下交流，众多投资合作项目难以推动。

（四）中国与东南欧国家贸易和投资合作前景

1. 促进中国与东南欧国家贸易关系发展的措施与途径

随着中国—中东欧国家合作机制不断深入发展，近年来中国与东南欧国家贸易额稳步增长。同时，由于东南欧各国经济规模、产业结构情况差异性较大，中国与有关国家开展贸易合作所面临的问题也不相同。总体来看，双边贸易逆差不断加大，贸易产品内容单一，东南欧国家高质量的优势产品对华出口不足等，是中国与东南欧国家贸易发展中存在的主要问题。针对这些问题可以通过以下途径和措施进行解决和改善。

第一，提高国内市场对东南欧国家产品的认知程度，以产业投资带动贸易发展。随着中国与中东欧国家合作的不断深入，国内举办了很多双边合作的活动，其中专门的经贸合作交流活动也不在少数。目前在宁波举办的中国—中东欧国家博览会已经成为国家级机制性、且专门针对中东欧国家的展会。该展会的前身是自2015年以来举办的中国—中东欧国家投资贸易博览会。通过该展会，中东欧国家，包括大量东南欧国家的优势产品被中国企业以及消费者所了解。此外，已经举办两届的中国国家进口博览会也可以成为展示、推销东南欧国家产品的重要平台。巴尔干地区的克罗地亚、斯洛文尼亚两国作为参展国参加了进博会，今后可以邀请更多的东南欧国家参与进来。这种机制性的产品展销平台，对于东南欧国家优势产品在中国市场的推进将会产生积极作用。

优质产品产能有限，是困扰东南欧国家增加对华产品出口的一个根本性问题。中国已经同东南欧国家在多个领域开展了投资合作，特别是农业领域，中国在农业规模化生产、农产品深加工方面具有资金和技术的比较优势。中国与东南欧国家应在农业领域谋划合作重点项目，构建起种养—加工—仓储—贸易流动的全产业链，形成一批产业开发项目，带动优质农产品产量提升，使之对华出口形成规模效应。2017年5月，中国农业部与保加利亚农业、食品和林业部签署联合声明，启动首个中国—中东欧农业合作示范区筹建工作，位于保加利亚普罗夫迪夫的示范区已经吸引了多个东南欧国家的农业合作项目和相关资金。2019年5月，首个中国—罗马尼亚农业科技园在罗马尼亚首都布加勒斯特落成，该科技园通过技术开发及示范，推动中国成熟的农业技术在东南欧国家的转移转化，提升东南欧国家在设施农业领域的创新能力与产业化水平。建立合作园区，促进东南欧国家相关产业提升，对于提高优质产品产量，开拓中国市场具有积极作用。

第二，拓宽东南欧国家对华产品出口渠道，改善贸易失衡状态。增加东南欧国家对华出口，改善贸易失衡的状况，是保证双边贸易健康稳定发展的重要内容。东南欧国家的优质产品，例如农产品的产量有限，一国的产量难以满足中国市场的巨大需求。做好东南欧国家农产品的生产、对华出口的整合工作，才能使其优质产品具有出口中国市场的规模效应，从而推进双边贸易的发展。具体而言，可以通过企业以组织农业合作社的形式，统一收购、运输、销售，从而实现巴尔干地区的农产品大规模的对华出口。这类农业合作社面向的不仅仅是一个国家，而是要整合东南欧地区几个国家的优势产品，形成对华出口的规模效应，从而克服单独一个国家产业规模有限的障碍，以便于改善贸易失衡的状态。目前，塞尔维亚政府正与中方协商，建立一个集散中心，集中塞尔维亚和周边国家的农产品一同出口至中国。此外，可以采取跨境电子商务方式，加强与东南欧国家在相关领域的政策沟通，利用中国—中东欧国家合作机制下的经贸、金融、物流、电子科技、海关边检等合作平台，推动与东南欧国家跨境电子商务与传统贸易进一步融合，加速商品、资源和资本等要素自由流动，发挥跨境电子商务简化各国贸易往来流程、降低成本费用的优势，为中国与东南欧国家双边贸易寻找新的增长点。

第三，做好互联互通下的贸易相通工作，为促进中国与东南欧国家的贸易发展创造有利条件。实现双边良好的贸易关系，互联互通是重要的基础保障。互联互通实际上包括硬联通和软联通，硬联通指的是交通、通信等基础设施和相关设备方面的联通；软联通则是指合作机制、规则、标准以及信息情报方面的联通。中国与东南欧国家在促进贸易方面的互联互通工作仍面临缺乏直接贸易通道、地区互联互通和基础设施水平落后、保障机制不足等问题。中国参与了巴尔干地区的基础设施建设项目，中国企业在塞尔维亚、克罗地亚、黑山等承建的交通基建项目切实地改善了当地的交通条件，也促进了商贸物流的发展。今后随着中国参与该地区基建项目的增加，特别是未来中欧陆海快线建成，巴尔干地区的铁路、公路系统与希腊比雷埃夫斯港口以及在建的匈塞铁路相联通，必将能形成与中国直接、高效的贸易运输通道，从而便利双方的贸易往来。在软联通方面，中国—中东欧国家合作机制下建立了交通基础设施合作联合会、物流合作联合会、海关合作联合会等国家间合作交流机制，另外近两年宁波市组织了中国与中东欧国家海关合作论坛，对于促进双边海关在信息互换、监管互认、执法互助方面合作具有重要意义。今后依托这些软联通的平台，东南欧国家可以与中国加强相关领域的合作，以促进和提升双边贸易便利化。

此外，发展东南欧地区的互联互通建设需要处理好与欧盟的合作。欧盟是东南欧地区重要的利益相关者，对该地区的互联互通建设也比较重视。东南欧地区的罗马尼亚、保加利亚、斯洛文尼亚、克罗地亚等国已经是欧盟成员国，每年可以获得用于本国交通基础设施建设的欧盟政策资金；西巴尔干地区的塞尔维亚、阿尔巴尼亚、波黑、黑山、北马其顿等国尚未加入欧盟，但都把入盟作为国家战略目标。欧盟对西巴尔干地区的关注度也较高，2009年欧盟发起了西巴尔干投资框架，为西巴尔干地区未入盟的国家提供交通、能源等方面的资金和项目支持。2014年德国倡议开启"柏林进程"①。该倡议旨在推动西巴尔干国家地区合作、经济发展以及参与欧洲一体化。中国与东南欧国家在互联互通方面的合作，无论是硬联通还是软联通都绕不开欧盟这一重要的利益相关者。中欧之间需要在地区基础设施建设规划、互联互通技术标准及规则等方面加强交流沟通。

第四，提高中国与东南欧国家的服务贸易额。服务贸易又称劳务贸易，是指国与国之间互相提供服务的经济交换活动。服务贸易的种类多样，涉及商业、教育、旅游、运输、医疗健康、体育娱乐等诸多领域。当前的国际经济环境下，货物贸易增长有所停滞，世界贸易组织预计2022年全球商品贸易量将增长3%，而全球服务贸易增长明显。② 近年来中国同东南欧国家的服务贸易额也在不断增长，2013—2018年罗马尼亚、克罗地亚、斯洛文尼亚、塞尔维亚、保加利亚等国对华服务贸易都有2倍以上的增长幅度（见表5-9）。但是与货物贸易相比总体贸易额仍然较小，已有的统计数据显示，2018年东南欧国家对华服务贸易额最大的国家为罗马尼亚，6320万欧元，克罗地亚为

---

① 2014年，时任德国总理默克尔在柏林倡导举办了高级别的"西巴尔干经济论坛"，开启"柏林进程"，旨在通过改善地区内的合作和经济稳定来重申该地区的欧盟愿景，同时建立了六个西巴尔干国家和欧盟成员国高级别交流的机制。

② 裴长洪：《中国服务贸易高质量发展战略思考》，《中国外资》2019年第12期。

5020万欧元，斯洛文尼亚为4450万欧元，塞尔维亚为3800万欧元，保加利亚为2540万欧元。

表5-9　　2013—2018年部分东南欧国家与中国服务贸易额

（单位：百万欧元）

年份 国家	2013	2014	2015	2016	2017	2018
克罗地亚	19.5	16.1	31.1	32.9	38.2	50.2
罗马尼亚	24.4	45.9	44.1	41.0	45.1	63.2
保加利亚	11.3	14.7	16.4	19.3	23.0	25.4
斯洛文尼亚	13.2	15.3	23.0	34.0	35.9	44.5
塞尔维亚	5.0	11.0	13.0	14.0	17.0	38.0

资料来源：欧盟统计局网站，https：//ec.europa.eu/eurostat/web/international—trade—in—services/data/databas。

未来中国与东南欧国家在服务贸易方面，特别是旅游、教育等领域仍有巨大潜力可挖。旅游方面，巴尔干地区历史上就是东西方文化的交汇、冲突、融合的地方，这里汇集了多种文化的历史古迹和人文遗产。巴尔干半岛四周被爱琴海、亚得里亚海以及黑海包围，气候温润，海洋、山地、森林、湖泊等各种自然景观美不胜收。近年来随着塞尔维亚、波黑、阿尔巴尼亚等国陆续开放对中国公民免签的政策，[①] 越来越多的中国人前往东南欧国家旅游，在推进双边人员往来的同时带动了旅游业的发展。根据欧洲旅游委员会和携程联合发布的《中国—欧洲

---

① 2017年1月1日起中国和塞尔维亚互免持普通护照人员签证。2018年5月29日中国与波黑互免持普通护照人员签证。2018年起阿尔巴尼亚在旅游旺季（3—10月）给予中国公民免签证待遇。此外，自2017年4月15日起，黑山对持普通护照的中国公民通过指定的旅行社赴黑山旅游，给予免签待遇。

2019出入境报告》，2019年上半年中国赴塞尔维亚、阿尔巴尼亚、保加利亚、斯洛文尼亚、克罗地亚的游客数量同比增长3—5倍。① 中国游客数量的增加对提振当地旅游业以及与之相关的服务业起到了不可忽视的作用，而且如果单纯计算旅游服务业贸易额，东南欧国家对华存在大量顺差。在教育领域，东南欧国家拥有很多历史悠久、师资力量雄厚的高等院校，而且所有东南欧国家加入欧洲高等教育体系，即博洛尼亚进程。博洛尼亚进程签约国中任何一个国家的大学毕业生的毕业证书和成绩，都将获得其他签约国家的承认，大学毕业生可以毫无障碍地在其他欧洲国家申请学习硕士阶段的课程或者寻找就业机会，绝大多数欧洲国家都加入其中。此外，东南欧国家留学费用要比西欧国家留学费用低很多。未来，东南欧国家的教育资源如果充分发掘，将会吸引更多的中国留学生。由于受到新冠疫情的冲击，中国游客赴欧洲旅游基本中断，但是随着疫情消退以及相关出入境规定的改变，赴欧旅游的热度将会迅速回升，因此相关方面要提前做好准备。目前在中国—中东欧国家合作机制下有专门的旅游、教育、高校合作等平台，充分利用平台合作机制，盘活东南欧国家的旅游、教育资源，对于未来中国与东南欧国家增加服务贸易将十分有利。

第五，贸易逆差问题短时期内将难以解决，应让各方正确看待这一问题。首先，中国同东南欧国家的贸易逆差问题并不是个案，中国同整个中东欧国家乃至对欧盟都是处于贸易顺差地位，这是由双方产业结构所决定的。其次，以目前东南欧国家的产业结构来看，短期内难以生产中国需要进口的大量产品。即使东南欧国家存在优势的产品，如农产品等，价值较低，除非大规模对华出口才能使东南欧国家削减对华出口逆差。但是

---

① 《2019上半年中国游客赴欧洲旅游大数据报告》，https：// www.sohu.com/a/335039869_ 124717。

农产品对华出口无论是产量规模、对华出口渠道还是国际竞争力都存在很多问题和障碍，短期内难以有重大改变。最后，如前文所述仅仅以贸易额以及贸易逆差的情况来判断双方贸易关系显然是不充分的，当前全球产业价值链分工情况十分复杂，中国对东南欧国家出口产品的附加值实际上并不高。过分强调贸易逆差，或者强行削减贸易逆差只会使得双方已有的贸易关系遭到破坏甚至恶化，并不能使各方受益。

2. 推进中国在东南欧地区投资的政策建议

无论是中国—中东欧国家合作机制还是"一带一路"倡议，东南欧地区的角色都十分重要，因此在相关合作平台机制下，中国推动在该地区的投资合作可以从以下五个方面考虑。

第一，处理好与欧盟及其重要成员国的合作。欧盟作为在东南欧地区最重要的利益相关者，其经济、政治影响力、欧洲一体化的感召力都是中国无法比拟的。中国发展与东南欧国家的关系，有助于推动各方的共同发展、缩小欧盟内部差距、实现均衡发展和欧洲一体化进程。中国对东南欧地区没有地缘政治考虑，坚定支持欧洲一体化。欧盟是维护世界和平与稳定的重要力量，也是中国最大的经贸合作伙伴，一个团结、稳定、繁荣的欧盟和强大的欧盟符合中方根本利益。本着这一原则，中国和欧洲在东南欧开展第三方市场合作，对于打消欧盟顾虑，促进各方互利共赢有着重要作用。

第二，关注东南欧国家项目需求，寻找优势投资领域。2020年突如其来的新冠疫情，对东南欧国家的社会经济冲击也极为严重。东南欧国家在恢复经济过程中也需要外部投资，笔者与东南欧国家智库交流时发现，他们对于和中方开展医疗卫生、数字经济、信息通信技术方面的合作较为积极，认为这是未来双边投资合作的重要机遇。中国在上述领域技术先进、经验丰富，完全有能力开展相关合作，未来需要国家在政策、资金方面对这些领域进行扶持,为中国与东南欧国家合作带来新动力。

第三,确保已有项目的顺利开展和完工。近年来中国增加了对东南欧地区的投资合作,很多项目仍在建设过程中,这些项目的实施和完成对于东南欧相关国家发展经济有着积极意义。然而在新冠疫情的影响下,相关国家也担心中国是否继续保持对该地区的投资兴趣和投资能力,毕竟中国遭受疫情带来的经济冲击也很严重。塞尔维亚国际政治与经济研究所所长布拉尼斯拉夫·乔尔杰维奇(Branislav Dordevic)曾表示,中国继续实施好在塞尔维亚的投资项目,就是为塞尔维亚经济提供重要支持。[①] 匈牙利国际事务与贸易研究所所长乌格罗什迪·马尔通(Ugrósdy Márton)也曾表示中国经济受疫情影响严重,也需要恢复,中国未来是否会为"一带一路"倡议下的项目提供足够的资金,这将影响"一带一路"的建设。[②] 为推动中国—中东欧国家合作及共建"一带一路"在东南欧地区的发展和建设,中国应采取相关措施提振东南欧国家参与合作的信心和动力。例如,鉴于最初向中东欧国家提供的双优贷款额度已经使用完,可推出新一轮的双优贷款;利用中国—中东欧投资合作基金等融资工具,引导资金向东南欧地区的医疗卫生、网络电信、数字经济等领域投资。

第四,要对美国的干扰因素予以充分考虑和做好应对。当前美国在全球范围内遏制中国发展的举措日益明显,就东南欧地区来说,目前除了塞尔维亚、波黑之外,其余国家都是北约成员国,它们在军事安全方面对美国的依赖程度依然很高。美国的企业、非政府组织在巴尔干地区有着较深的基础,美国也利用其在巴尔干地区的影响力,阻挠中国企业在该地区进行项

[①] 笔者2020年4月30日参加"新冠肺炎疫情下的中国与中东欧国家合作:经验与前景"线上国际学术研讨会整理所得。

[②] 笔者2020年6月12日参加"后疫情时代如何推进中国—中东欧国家合作"线上国际研讨会整理所得。

目投资和开展合作。例如，中国广核集团有限公司与罗马尼亚国家核电公司合作的切尔纳沃达核电站项目是中罗两国在能源领域的重大合作项目。从 2013 年 11 月签订备忘录以来，该项目一直在稳步推进之中，然而 2019 年 8 月时任罗马尼亚总统克劳斯·约翰尼斯访问美国，并与时任美国总统特朗普就核能合作发表了共同声明，暗中针对中广核与切尔纳沃达核电站的合作项目。2019 年 9 月美国与罗马尼亚签订了一份能源战略合作备忘录，其间中广核被美国恶意指控从事间谍活动。2019 年 11 月约翰尼斯表示，罗马尼亚将对包括该项目在内的中国企业的"战略项目"进行分析。2020 年 1 月，时任罗马尼亚总理卢多维克·奥尔班明确表示，不会就该项目与中国合作，转而寻找新的合作投资者。鉴于美国的阻挠行动，中方要对这一势头做好预防准备，最主要的是处理好与东南欧国家的合作，争取他们对中方投资项目的支持。实际上，东南欧国家在中美持续紧张的关系中并不想选边站，但是在地缘安全利益和美国强大的影响力制约下，不得不做出亲美的选择。因此未来中国如要争取东南欧国家的支持，在具体投资合作中应避免过多牵涉中美关系，中国要努力打消东南欧国家与中国合作的顾虑，同时表达对其地缘安全考量的理解。

第五，做好对东南欧地区投资合作需要国内的央地互动以及投资精细化和风险管控。地方政府合作是中国—中东欧国家合作中的一大特色，中国与东南欧国家在地方层面的合作已有很多成功经验和案例，要发掘地方政府参与东南欧地区交通基建合作的积极性，同时避免地方政府产生利用中国—中东欧国家合作机制中的国家优惠政策争项目、争资金的现象，出现重复低效建设。由于东南欧国家对交通基建的需求具有多样性，很难制定出一个能覆盖整个巴尔干地区的、符合多边利益的交通基建合作框架，因此中国与东南欧国家发展交通基建合作，目前仍需要以双边合作模式为主。这就需要中国认真了解每个具体需求和相关规划,从每一个具体项目出发,结合不同国家的不同需求精细化开展交通基建合作项目。风险管控历来是海外投资的重要考虑内容,特别是当前欧盟部分成员国对中国投资的质疑逐渐上升、美国干扰中国对巴尔干投资活动的背景下,中方投资者需要完善风险预警机制,对可能发生的风险进行预测,及时掌握风险的来源以及影响,可以通过指标偿债比率、负债比率、债务出口比率等指标来对国家风险进行预警。在投资项目上要形成以企业为主体,包含国有银行及各类金融机构、中央或地方政府派出部门在内的多方出资的模式。此外,以美国为首的西方媒体对华指责批判性较强,向有关国家渲染负面情绪,煽动民众,引发双方矛盾。因此,企业、银行、投资机构等部门都应该做出相应的预警机制,与当地的政府、企业、媒体等部门协调好关系。

(五) 对中国与东南欧国家合作的思考

贸易和投资是中国与东南欧国家务实合作最重要的内容,也起到支点作用。本小节在重点论述中国与西巴尔干国家贸易与投资关系现状、特点及前景基础上,也对中国与东南欧国家务实合作提出全方位、总体式的路径与模式的相关思考和建议。

1. 中国与东南欧国家合作路径
(1) 坚持共商共建共享原则

坚持共商共建共享原则,既是"一带一路"倡议的核心价值原则,也符合中国与包括东南欧国家在内共建"一带一路"合作国家的共同利益,是双方共同的事业和追求。对话协商、政策对接是中国与东南欧国家合作的基础,双方克服合作过程中的分歧和困难,共同维护阶段性成果,不断推动双方务实稳定向前发展。中国与东南欧国家的合作建立在为各国人民带来更多看得见、摸得着的福祉的基础上。

(2) 遵循双边主义、地区主义和多边主义三轮驱动的逻辑

在中国—中东欧国家合作机制下开展与东南欧国家务实合作，既有助于双边关系走深走实，又能实现东南欧地区一体化程度的深化，更好地融入欧洲一体化的进程之中，更能为推动构建新型国际关系和全球治理模式贡献"中国方案"。我们应加强中国与东南欧国家双边关系同中国—中东欧国家合作机制之间的协调，以双边关系带动中国与东南欧国家关系的整体发展；以中国—中东欧国家合作机制为依托，夯实中国与东南欧国家的双边关系，使两者形成良性互动和正向循环。同时，要考虑东南欧地区国家的多样性和差异性，以及长期以来形成的欧盟规则规范的独特作用。

(3) 增强政治互信、经济合作、人文交流三大支柱

第一，高水平政治互信是中国—中东欧国家合作机制行稳致远的重要基石。中国与东南欧国家以及相关利益攸关方不断增进战略互信，在双方重大关切问题上相互支持。但也充分认识到利益相关方越多，越容易受到域外势力干扰，共识越难以达成。第二，经贸合作是互利共赢的重要源泉。应充分发挥中方举办的国际性博览会的平台作用，进一步释放中国与东南欧国家合作机制的经贸红利，实现双方产业链、供应链和价值链的深度融合，并为经济一体化和全球化注入多重力量。第三，人文交流是双边合作走深走实的民意基础。促进青年、智库、媒体等开展多渠道、多形式的交流合作，提升东南欧国家民众对中国发展理念、模式、合作机制的认可度、支持度。

(4) 重视区域大国的地位，激发大国引导合作的潜力

东南欧地区文化多元，国家的复杂性、多样性给双方合作带来了诸多困难。中国需要加强与该地区区域大国如罗马尼亚，以及塞尔维亚等对华友好国家建立更加密切的合作关系，在中国—中东欧国家合作机制下有倾向性地提升它们的合作地位和作用。此外，这里所说的大国也包括德、法、意等西欧国家，它们在巴尔干地区的制度号召力和经济影响力不容忽视。未来，中国应通过开拓第三方市场合作，深化同西欧大国的区域合作，激发它们参与相关合作，发挥自身影响力和示范效力。

（5）重视东南欧地区在整个中国—中东欧国家合作机制中的作用

在中国—中东欧国家合作机制框架下，东南欧地区发挥的作用显著，发展前景广阔。首先，中国主要的基建项目投资均集中在该地区；其次，其东南欧地区在整个中东欧地区来看，经济发展水平、各类基础设施等相对落后，对外部市场和资金依赖度较强；最后，东南欧多数国家对华关系较为稳定、友好。基于上述条件，东南欧国家对整个中国—中东欧国家合作机制未来发展的稳定和潜力发掘意义重大，因此合作机制下相关政策特别是资金扶持政策应适度倾斜，从而有利于中国—中东欧国家合作基本盘的维持。

2. 中国与东南欧国家合作模式

（1）强化高层交往引领作用，进一步深化合作战略对接

高层引领是双方关系持续发展的核心推动力量，为双方发掘合作契合点、拓展合作渠道提供了有利的前提条件。自2012年中国—中东欧国家合作机制正式启动以来，中国与东南欧国家双方领导人均对这一合作给予了极大的重视，频繁的高层互访以及机制化的高层会晤有效提升了中国同东南欧国家合作的热度与关注度，在全面推进各领域友好交流和务实合作的同时，也带动了中国—中东欧国家合作机制与欧盟重大倡议和规划、"一带一路"倡议等对接，从而在新的战略高度下，进一步丰富了合作内涵、拓展了合作空间，以更高的协同性、互补性和平衡性，明确了中国—中东欧国家合作的发展方向，汇聚了更为强大的发展合力。

（2）丰富合作层级，挖掘地方合作潜力

中国与东南欧国家合作保持了"多层级"的合作特点，既包含超国家层面的多边合作（中国—中东欧国家合作机制），也包含国家层面的双边合作，同时也有地方层面的合作。虽然近年来，中国与巴尔干各国的合作逐渐从"大格局"不断细化润泽到地方，中国的河北、重庆、苏州、宁波等省市纷纷立足本地特色与对方开放需求，开展同东南欧国家的地方合作，取得了一定的成效，但国家战略层面的对接依旧是合作的重头戏，且多数地方合作是由中央政府引导，缺乏自主推进动力，"自上而下"与"自下而上"的良性互动效应尚未充分释放，点面结合的示范效应和规模效应均有待提升。

（3）以人文促经贸，夯实务实合作的社会基础

2021年习近平主席在中国—中东欧国家领导人峰会上发表的主旨讲话中曾指出："坚持务实导向，扩大互惠互利的合作成果。中方计划今后5年从中东欧国家进口累计价值1700亿美元以上的商品。"[①] 这对中国与东南欧国家未来经贸务实合作带来了前所未有的良机。由于中国同东南欧国家地理跨度大，历史发展进程差异明显，因而双方的文化传统与社会环境迥异，这也一直是阻碍中国与东南欧国家经贸务实合作深化发展的重要障碍。中国应不断强化自身软实力的建设与国家形象的塑造，推进各领域、各层级的人文交流，在增进与东南欧国家相互理解和信任的基础上，将中国"亲诚惠容、互利共赢"的合作理念切实传达给有关各国，在化解各国猜忌与质疑的同时，进一步树立起中国"开放、包容"的大国形象，从而为中国与东南欧国家构建起更加紧密的"利益共同体"和"命运共同体"，

---

① 《习近平主持中国—中东欧国家领导人峰会并发表主旨讲话》，《人民日报》2021年2月10日第1版。

构筑起坚实的文化契机。与此同时，面对世界经济发展的诸多不确定性，中国主动扩大对包括巴尔干地区国家在内的中东欧国家进口规模，既体现了中国坚持扩大开放的坚定决心，也为东南欧国家注入了更多"中国信心"。下一阶段，中国应着力如期兑现承诺，通过让东南欧国家分享中国发展机遇，展现中国的责任担当，努力赢得它们对中国更多的理解与支持，以经贸带动双方社会文化的进一步交流，形成经贸与人文的良性互动，进一步拉紧中欧合作纽带。

（4）创新金融供给，为中国—中东欧国家合作提供稳固的资金支持

金融合作是促进产融结合、提升市场效率的重要手段。尤其是在国际金融环境愈加动荡的背景下，高效的金融对接能力与完善的金融网络布局不仅可以有效提升国际经贸合作效率，而且也有利于降低跨国合作风险，因而对于国际合作的开展有着重要的支撑作用。融资问题一直是中国与东南欧国家合作的短板，虽然自中国—中东欧国家合作机制形成以来，中欧双方不断加强金融领域合作，但东南欧地区庞大的资金需求以及欠佳的金融环境依旧无法给予双方务实合作有效的融资支持，阻碍了合作项目的落地推进，只有创新金融供给模式，才能切实发挥好资金集聚效应和辐射能力，从而进一步激发金融服务实体经济的活力，为培育中国与东南欧国家合作新增长点注入更多金融力量。

（5）关注地缘安全形势，预防地缘安全带来的风险

2022年2月，俄乌冲突爆发，整个中东欧地区面临前所未有的地缘安全动荡局势，同时引发了冷战结束以来中东欧国家最为强烈的反俄浪潮。就东南欧国家来看，该地区国家对俄乌冲突的看法和态度较为复杂，既有罗马尼亚等坚决选择制裁俄罗斯的国家，也有塞尔维亚等与俄罗斯政治、经济、文化关系密切的国家，尽管谴责俄罗斯的行为，但拒绝参与对俄制裁。虽然各国态度不一，但是各国对俄乌冲突的态度普遍与自身的政治和安全问题相挂钩，这种情况下发展经贸投资合作项目，需要时刻关注有关国家地缘政治安全形势的发展，及时回避由此带来的政治和安全风险。

六 欧盟大区域战略合作模式及其特点

中国—中东欧国家合作机制自2012年启动以来，是"具有重要影响的跨区域合作机制，也是多边开放合作中的一道靓丽风景线"[①]。这种多边合作和跨区域合作在欧洲也十分常见。当前欧盟有四个大区域战略（the EU Macro-Regional Strategies）：欧盟亚得里亚海和爱奥尼亚海区域战略（the EU Strategy for the Adriatic and Ionian Region，EUSAIR）、阿尔卑斯宏观区域战略（the EU Strategy for the Alpine Region，EUSALP）、欧盟波罗的海区域战略（the EU Strategy for the Baltic Sea Region，EUSBSR）和欧盟多瑙河区域战略（the EU Strategy for the Danube Region，EUSDR）。

欧盟这四大区域战略与中国—中东欧国家合作机制有着相近之处。首先，这些战略所涉及的欧盟成员国及非成员国与中国—中东欧国家合作机制的参与国均有重叠。例如，亚得里亚海和爱奥尼亚海区域战略中的参与国包括克罗地亚、斯洛文尼亚、阿尔巴尼亚、波黑和黑山等。多瑙河区域战略的范围则更加广泛，包括保加利亚、克罗地亚、捷克、匈牙利、罗马尼亚、斯洛伐克、波黑等国家。该战略在四大战略中涵盖了最多的中

[①] 《李克强在第六次中国—中东欧国家领导人会晤上的讲话》，2020年4月5日，新华网，www.xinhuanet.com//politics/leaders/2017-11/28/c_1122022059.htm。

国—中东欧国家合作参与国。其次，这些区域战略的规划与中国—中东欧国家合作机制有重合之处。例如，多瑙河区域战略的12个优先领域中包括了水路、陆路和空路的联通与便利化以及文化与旅游业合作。波罗的海战略中包含区域联通（其中包括交通、能源与人文的联通）。亚得里亚海和爱奥尼亚海区域战略中则设计了便利化和互联互通的优先内容等。这些都是中国与中东欧国家在合作中的关键领域。

因此，虽然波罗的海三国已经正式宣布退出中国—中东欧国家合作机制，但是详细考察欧盟的大区域战略，例如组织结构、合作模式、已有成果、未来规划等各个方面，有助于我们加深对欧盟与成员国之间合作的认识，同时也能够为中国—中东欧国家合作机制的未来演化提供参考。本章将重点考察两大战略：欧盟多瑙河区域战略和欧盟波罗的海区域战略。这不仅是因为篇幅所限，也是因为这两个战略中涉及的中国—中东欧国家合作机制参与国最多，最具参考性。

（一）欧盟多瑙河区域战略

2010年12月，欧盟多瑙河区域战略得到了欧盟委员会的采纳，并于2011年先后得到了欧盟理事会和欧洲理事会的批准和认可。该战略囊括了14个欧洲国家，包括奥地利、保加利亚、捷克、克罗地亚、德国、匈牙利、罗马尼亚、斯洛伐克和斯洛文尼亚9个欧盟成员国以及波黑、黑山、摩尔多瓦、塞尔维亚和乌克兰5个非欧盟成员国。[①] 根据官方文件，该战略有12个优先目标领域，即水路交通、铁路—公路—航空交通、可持续能源、文化与旅游业、水资源质量、管理环境风险、生物多样

---

① "Participating Countries", https://www.danube-region.eu/about/the-danube-region.

性、知识性社会、企业竞争力、人力与技能、制度能力与合作以及安全。① 其基本组织结构为：欧盟委员会地区总司通过支持参与国行动的方式协助实施该战略，与高级别工作组（High Level Group）一道在政策层面开展协调。高级别工作组是由所有欧盟成员国官方代表组成，协助欧盟机构在该战略实施过程中进行政策协调。欧盟机构通过咨询高级别工作组来制订和调整具体行动计划。同时，高级别工作组还负责制定政策导向和优先目标。此外，该战略设有优先领域协调员（Priority Area Coordinators）、各个优先领域的指导小组（Steering Groups）和国家协调员（National Coordinators）。优先领域协调员和指导小组负责该战略的实施和议程的制定。国家协调员主要负责本国在各个优先目标领域中的活动，同时在本国推动该战略的落实与宣传。2015年，各参与方联合建立了多瑙河战略记分牌（Danube Strategy Point），以改善战略的实施进程、支持欧盟委员会的协调角色、加强优先领域协调员与国家协调员之间的沟通。②

1. 欧盟机构在多瑙河区域战略中的角色

欧盟委员会在推动多瑙河区域战略的形成和具体执行过程中扮演着中心角色。在欧盟委员会内部，地区总司是协调部门。负责该战略的具体工作被列入了该司的 C2 单元，即城市发展与区域聚合部门（Unit C2, Urban development and territorial cohesion）。同时，由于该战略还与欧盟睦邻政策、欧盟扩大、环境保护和能源政策等都有着密切关系。欧盟委员会还专门为此成立了一个工作组，以协调内部各个司局间的工作。这一工作组

---

① "One Strategy – 12 Priorities", https://www.danube-region.eu/about/priorities.

② "Governance", https://www.danube-region.eu/about/governance.

包括了 26 个司局中的 22 个，并设有一个负责人。① 为进一步提高决策效率以及保障各个地区和民间层面的积极参与，欧盟委员会主办欧盟多瑙河战略年度论坛（EU Danube Strategy Annual Forum）。该论坛由参与该战略的成员国轮流承办，旨在有效收集各个利益攸关者的建议和关切，并将此类信息上报至欧委会以供决策。

与欧委会把实施任务交给一个地区总司来负责不同，欧洲议会最初更倾向于在议会内部建立一个新的交流工作组，专门负责多瑙河区域战略。当时工作组的成立需要议会各大党团的协商和投票，但最终这一提案还是以两票之差而没能获得多数选票。不过这一提议却获得了很多非正式的支持，而且一些东南欧国家由于不具有欧盟成员国身份并没有参加投票，这表明各国并非是对参与多瑙河区域战略的政治意愿不强。在工作组提案失败后，多瑙河区域战略成员国及相关国家决定定期在斯特拉斯堡举行会谈以商讨具体事务。欧洲议会下属的区域发展委员会（Committee on Regional Development）是欧洲议会内部对多瑙河区域战略影响最大的机构。该委员会的前主席达努塔·许布纳（Danuta Hubner）比较支持这一战略。总体来看，欧洲议会在多瑙河区域战略中是一个决策的影响者，但并未有正式的官方支持，更多是议员个人层面的影响。在欧盟理事会层面，多瑙河区域战略的最初方案由罗马尼亚和奥地利于 2009 年 6 月提交到欧盟理事会。此后这一战略主要在理事会较低层级的会议上被讨论，即成员国常驻代表委员会（Coreper）层面。战略通过后，理事会对战略本身的影响较小。

除了欧盟的三大机构外，欧洲地区委员会（The European

---

① Attila Ágh; Tamás Kaiser; Boglárka Koller, *Europeanization of the Danube Region: The Blue Ribbon Project*, Budapest: Kossuth Kiadó, 2011, p. 22.

Committee of the Regions）的作用也不容忽视。该委员会是由欧盟成员国地方政府设立的机构，旨在拉近欧盟与民众的关系。该机构主要代表各个地方政府和地区的利益。这一机构也被认为是欧盟内部下传上达的通道之一。地区委员会在多瑙河区域战略未通过时便强烈支持这一概念并为此不断游说欧委会。早在2008年，地区委员会便设立了一个多瑙河地区间小组（CoR Danube Group）。其成员来自地区委员会中与多瑙河区域战略相关的国家，且连续两任主席均是来自德国巴伐利亚州的官员。地区委员会还积极支持在更广泛的欧洲层面实行多瑙河区域战略。2010年4月13日，欧洲地区委员会组织召开了欧洲大区域论坛（European Macro—regions Forum）。这一论坛不仅聚焦于欧洲各类大区域战略规划，例如北欧、波罗的海、多瑙河等，同时也探讨这些大区域战略对欧洲一体化的影响等议题。①

在多瑙河区域战略具体的制定和实施过程中，虽然地区委员会本身并未发挥实质性的推动作用，但其所代表的地方利益和地区政府的意见不容忽视。时任欧盟地区政策总司司长的德科·阿那尔（Dirk Ahner）表示，欧委会在制定波罗的海区域战略时的一大失误便是没有邀请更低层面的行为体参与，特别是地方层面。② 地区代表驻布鲁塞尔办公室（the Regional Representation in Brussels）从1984年起，其数量已经增至300多个，这意味着地区层面的游说已经成为欧盟内部的一股重要力量。③

---

① "EU macro-regions: Forum in Brussels", https://www.esteri.it/mae/en/sala_stampa/archivionotizie/approfondimenti/20100412_macroregioni.html.

② "A dél-dunántúli Regionális Fejlesztési Tanács Beszámolója, 2010", http://www.deldunantul.com/sites/default/files/public/archivum/ddrft_beszamolo_2010.pdf.

③ Corina Crețu, "Meeting the Representatives of the Regional Offices in Brussels", https://ec.europa.eu/commission/2014-2019/cretu/blog/meeting-representatives-regional-offices-brussels_en.

当然，并非多瑙河沿岸的所有地区均在欧盟设有代表处。但这些数量有限的代表处却具备影响欧盟决策的能力。以德国巴登—符腾堡州为例，该州不仅在欧盟设立了永久代表处，而且在2011年欧盟理事会通过多瑙河区域战略之前，便开始有计划地推动多瑙河沿岸国家或地方政府进行区域合作。该州的代表处就多瑙河区域合作举行了多次欧洲层面的高级别会议，被称为"欧盟多瑙河网络"（Brussels Danube Network）。[1] 参会者既包括相关国家的代表，也包括欧盟各个机构的代表。巴登—符腾堡州政府也将多瑙河区域战略的通过作为其直接影响欧盟决策的典型案例。[2] 总之，这些地区代表在多瑙河区域战略的准备工作中贡献颇丰，这主要是因为他们能够将那些代表特定地区利益的意见收集并向决策机构反映。

2. 相关中东欧国家在多瑙河区域战略中的关切和作用

参与多瑙河区域战略的中东欧国家已经就该战略的重要性达成了共识，即深化多瑙河流域国家的合作以应对各类危机所带来的影响。各国的主要关注点也基本相同，即互联互通、能源安全和社会经济发展。不过各国的共识主要还是集中在基本原则方面，在具体实施方面仍存在较多不同的关注点。

（1）互联互通领域

匈牙利希望在多瑙河流域开发交通基础设施，例如多瑙河的水路运输工具等，并改善跨区域的交通条件以促进物流行业发展。斯洛文尼亚希望改善多瑙河区域内各国通向其他大区域（例如地中海、波罗的海等）的互联互通情况，借此解决欧洲整

---

[1] "Brussels Danube Network Meeting", http://waterguality.danabe-region.eu/brussels-danube-network-meeting/.

[2] Experiencing Baden-Württemberg in Brussels, https://www.baden-wuerttemberg.de/en/government/baden-wuerttemberg-in-europe-and-the-world/state-representation-in-brussels/.

体交通通道的现代化问题，例如泛欧五号走廊高速公路和泛欧十号走廊的现代化建设，以将多瑙河变为一个一体化的内部交通和物流枢纽。塞尔维亚希望在泛欧十号走廊开发航道信息服务、船舶交通管理系统以及配套的高速公路，并重建或修缮配套铁路以及各大铁路线路交会点。罗马尼亚希望扩建并升级港口、调整已有港口和物流中心的功能，进一步融入欧洲的交通系统。保加利亚希望提高铁路、公路、港口的现代化水平，改善桥梁与渡船的联通情况并设立多式联运的中转站以提高交通安全性与可靠性进而加强物流的安全保障。

(2) 能源安全领域

匈牙利希望促进能源系统一体化以及开发本地的可再生能源，例如太阳能、风能和热能等，同时提高核能源的安全。斯洛文尼亚希望保障长期的能源供应、能源可持续发展以及能源市场的有效运行，进而集中力量推进欧盟与西巴尔干地区国家签署能源共同体合作条约（Energy Community Treaty for Cooperation），以促进欧盟内部能源市场向东南欧的延伸。塞尔维亚希望扩大和升级已有的热电厂、修缮并扩大天然气的输送网络以提高能源利用效率。罗马尼亚希望升级能源基础设施建设并多样化能源来源，也希望通过鼓励勘探天然气田以及更有效率地利用天然气来吸引更多投资。保加利亚希望设立跨境输电线路，以改善部分地区电力传输难的问题。

(3) 社会经济发展领域

匈牙利希望设立统一的多瑙河文化旅游项目，保护共同的建筑遗产以创造一个可持续的旅游业。斯洛伐克希望通过联合举办旅游类的文化活动等方式，建立一个综合的、一体化的旅游产业并增加边境景点的吸引力，同时通过建立公共信息网络来开发多瑙河流域的旅游目的地。斯洛伐克还希望加强并发展多瑙河流域的村庄、城镇以及地区的商业合作。塞尔维亚希望大力发展旅游业，投资重建那些已有的旅游基础设施并保护欧洲价值观和文化遗产。罗马尼亚希望支持中小企业的可持续发展，特别是在提高生产力、减少能源损耗、绿色产业投资以及废物再利用的创新技术等方面。保加利亚希望在公共部门和私人部门之间建立稳定的联系网络以有效刺激经贸投资，也希望实施多瑙河联合旅游战略以整合旅游市场、推出统一的旅游产品。

（4）内部的分化

在欧盟多瑙河区域战略的实施过程中，各个参与国明显分化为三个集团：以德国和奥地利为首的多瑙河上游集团，多瑙河中游的斯洛伐克、匈牙利、克罗地亚和塞尔维亚以及下游的保加利亚、罗马尼亚等国。德国和奥地利在跨境合作方面，更愿意同社会和经济问题较少的国家合作，因此更加注重多瑙河上游区域。由于德国和奥地利的社会经济发展程度较高，两国不会迫切需要利用多瑙河区域战略来带动本国的经济发展。多瑙河中游地区的斯洛伐克、匈牙利等国家社会经济发展水平相对较低，因此这些国家都迫切需要新的能够进一步刺激经济发展的措施。而多瑙河下游地区的罗马尼亚、保加利亚等国更是急需各类投资和刺激措施，因此这些国家更加关注多瑙河流域的基础设施建设以及能源类问题。

3. 欧盟"多瑙河战略"年度论坛

欧盟"多瑙河战略"年度论坛是欧盟多瑙河区域战略的重要组成部分。参会方有欧盟各个机构代表、多瑙河流域国家的中央政府和地方政府、民间组织、企业等。该论坛旨在收集各方意见以便更有效地落实多瑙河区域战略，前身是 2010 年 2 月 24—25 日匈牙利政府在布达佩斯举行的一次总理级峰会。此次峰会有 8 个欧盟成员国（奥地利、保加利亚、捷克、匈牙利、德国、罗马尼亚、斯洛伐克和斯洛文尼亚）和 6 个非欧盟成员国（克罗地亚、塞尔维亚、乌克兰、摩尔多瓦、波黑和黑山）参加。德国和奥地利也有州政府代表参会。虽然当时各方并没有就大区域合作的细节内容达成具体协议，但是确定了多瑙河区域战略的优先目标。与会各方也均根据自身国家的发展状况表达了不同方面的关切。例如时任匈牙利总理鲍伊瑙伊·戈尔东（Bajnai Gordon）提出要在保护环境的基础上，开发多瑙河的内河航运并进一步改善水资源的质量。时任保加利亚总理博伊科·鲍里索夫（Boyko Borissov）强调多瑙河沿岸的交通设施联通问题。时任克罗地亚副总理布兹达尔·潘克雷蒂奇（Bozidar Pankretic）侧重于环境保护以及整个欧洲的发展趋同问题。时任斯洛伐克外交部部长米罗斯拉夫·莱恰克（Miroslav Lajcak）则提出借助这一战略促进中小企业和旅游业的发展。此次峰会后各方提请欧委会协助制定一个多瑙河区域战略草案，以回应各方的关切。[①]

布达佩斯峰会后，欧委会每年组织欧盟"多瑙河战略"年度论坛。第一届是在 2012 年 11 月于德国举行，主要有四个成果：第一，各国同意将采取措施维持多瑙河水路的畅通。第二，推动了维丁—卡拉法特（Vidin-Calafat New Bridge）大桥的建设。这一大桥是由欧盟结构基金支持建设的、联通罗马尼亚和保加利亚的第二座桥梁，也是泛欧交通网络的一部分。第三，启动保加利亚和塞尔维亚的天然气管道连接项目。第四，开启多瑙河融资对话（Danube Financing Dialogue），对接多瑙河区域战略的具体项目与金融市场。此外，此次论坛也确立了多瑙河区域战略的大方向，决定设立优先合作领域协调员和国家协调员。[②]

[①] "Hungary - The Danube Summit Adopted an Action Plan Called 'Budapest Declaration' - bilateral Talks on the Sidelines of the Summit, 2010", http://www.vlada.cz/en/evropske-zalezitosti/archiv/v-mediich/hungary - - - the-danube-summit-adopted-an-action-plan-called-budapest-declaration - - - bilateral-talks-on-the-sidelines-of-the-summi-68981/.

[②] "How Can the Danube Region Help to Build a More Competitive Europe?", https://ec.europa.eu/regional_policy/archive/conferences/danube_forum2012/index_en.cfm.

第二届论坛于 2013 年 10 月在罗马尼亚举办。此次会议主要集中探讨多瑙河区域战略的融资问题。各方表示多瑙河区域战略的确能够在战略和政治层面产生附加值。不过该战略的稳定实施仍有赖于持续的政治引导以及更多的协调行动。[①] 第三届论坛于 2014 年 6 月在奥地利举行。此次论坛关注的是经济一体化、治理有效性以及劳动力问题。会议文件明确表示，在国际金融危机的背景下，多瑙河流域国家虽然异质性较大，为政策的实施带来困难。但从长远来看，多瑙河流域是一个不断在趋同的区域。各方提议建立轮值主席国和秘书处协调办公室积极联系，以此具体落实和协调融资问题。各方还希望能够借助多瑙河区域战略来推动社会融合，防止多瑙河区域的人才外流。[②] 第四届论坛于 2015 年 10 月在德国举办。此次论坛确立了修复和维护多瑙河航道的计划，并提出大力开发生物能、地热能和反向天然气输送的项目，以支持多瑙河沿岸国家摆脱对外部的能源依赖。此次论坛还决定充分利用已有的多瑙河项目基金（START—Danube Region Project Fund）这一试点项目，旨在为多瑙河区域战略相关的项目提供种子基金。[③] 第五届论坛于 2016 年 11 月于斯洛伐克举办。此次论坛主要强调的是科研与创新。各方表示愿意对在国家和地区层面上开展的科研和创新活动予以政治性支持，加强协调各类融资资源，加大对人力资源的投资同时

[①] "Danube Region-Stronger Together, Stronger in the World", http://ec. europa. eu/regional_ policy/archive/conferences/danube_ forum2013/index_ en. cfm.

[②] EU Danube Strategy: Annual Forum in Vienna to Discuss Key Initiatives to Boost Green and Inclusive Growth, http://europa. eu/rapid/press-release_ IP – 14 – 740_ en. htm.

[③] "European Strategy for the Danube Region: Danube Transport Ministers Agree to Step up the Implementation of the Master Plan for Good Navigation Status", http://ec. europa. eu/regional_ policy/en/policy/cooperation/macro-regional-strategies/danube/#1.

减少人才流失。各方呼吁在新的欧盟预算周期内继续从欧盟结构和投资基金以及入盟前援助基金中支持研发和创新活动，同时继续利用当年新成立的多瑙河融资支持协调网络（Danube Funding Coordination Network）来促进这些行动。① 第六届论坛于 2017 年 10 月在匈牙利举办。此次论坛聚焦于能源安全和互联互通问题。参会方认为中欧和西欧对于能源安全的关切有着巨大的不同，中欧更加强调核心基础设施的完善，而西欧强调可持续性。同时各方也探讨了使用环境友好型能源的可能性，例如液化天然气的使用以及相关技术的开发等。在互联互通领域，参与方从国家和地区层面探讨了泛欧交通网络的建设与规划，估计多瑙河区域的互联互通资金仍有 7500 亿欧元的缺口。② 第七届论坛于 2018 年 10 月在保加利亚举办。此次论坛聚集于多瑙河地区的文化和历史遗产保护以及旅游业的新技术开发与数字化发展。参与方认为旅游业和文化行业是经济发展、创造就业和社会融合的重要动力。各方呼吁通过可持续发展的旅游战略来振兴地方经济，利用政府和社会资本合作来更好地调用资源。③

从七届欧盟"多瑙河战略"年度论坛来看，参与国对欧盟多瑙河区域战略的认同度逐渐加大。这首先体现为各成员国对多瑙河区域战略的认知更加深入。在第一届论坛中各国只是借助多瑙河区域战略的"名"，加强双边或多边合作。第二届则开始聚焦于多瑙河区域战略本身，探讨融资等问题。第三届则更加聚焦，与欧洲整体的各领域关切相结合。尤其在金融危机之后，当时欧洲各国经济复苏乏力，多瑙河沿岸国家也多为欧盟

---

① "5th Annual Forum of the EU Strategy for the Danube Region", https：//www. danube-region. eu/annual-forum-2016.

② "6th Annual Forum of the EU Strategy for the Danube Region", http：//www. danube-forum-budapest. eu/.

③ "7th EUSDR Annual Forum", http：//www. danube-forum-Badapest. eu.

新成员国，所以在第三届论坛中各方更加关注如何借助多瑙河区域战略来全面带动经济发展。可见，各国已经将欧盟"多瑙河战略"年度论坛看作一个重申和解决各国需求的平台。认同度的加大还体现为与多瑙河区域战略相关的配套机制逐渐完善。除了年度论坛的主活动外，配套活动如外长会晤、融资对话等机制也相继成立。虽然欧盟并未单独为多瑙河区域战略提供资金，但在欧盟已有框架内各方联合设立了多瑙河研究和创新基金、多瑙河项目基金等。另外，各方也逐步建立了协调员、轮值主席国等机制。机制的完善也体现了各方对该战略的认同与憧憬。

（二）欧盟波罗的海区域战略

欧盟波罗的海区域战略是欧洲第一个大区域战略。该战略所涉及的国家包括瑞典、丹麦、芬兰、德国、波兰、爱沙尼亚、拉脱维亚和立陶宛。该战略由欧盟理事会在 2009 年通过，主要有三大目标：拯救海洋、联通区域和促进繁荣。具体来看，拯救海洋的目标包括清洁海水、清洁航运等；联通区域包括更好的交通条件、可靠的能源市场、人文交流等；促进繁荣包括对接欧洲 2020 战略、提高波罗的海区域的全球竞争力等。在实施过程中，波罗的海区域战略包括了行动计划（Action Plan）和旗舰项目（Flagships）两部分。前者有 13 个政策领域（Policy Area）和 4 个横向行动（Horizontal Action）。一至两个成员国协调一个政策领域或横向行动。[①] 波罗的海区域战略的基本组织结构比多瑙河区域战略更加复杂。欧盟理事会、欧委会和高级别大区域战略工作组（High Level Group on Macro-Regional Strategies）

---

① "The Implementation of EUSBSR", https://balticsea-region.eu/about/implementation.

是主要的政治角色，负责协调战略和实施相关政策，促进与利益相关者的对话并审查行动计划等。在协调层面，波罗的海区域战略设置了政策领域协调员、横向行动协调员和国家协调员。在具体实施的层面，该战略设置了旗舰项目领袖、具体协调项目的部门等。① 在融资方面，该战略与多瑙河区域战略相近，并没有单独的融资平台或者运作机构，要依靠已有的资金来源以及参与国之间的协调与互补。② 同时，该波罗的海区域战略也欢迎非欧盟成员国参与，例如俄罗斯、冰岛、挪威和白俄罗斯。

1. 欧盟波罗的海区域战略中的各个角色

欧委会在波罗的海区域战略中扮演一个领导者的角色，在主要实施阶段起到战略性协调作用。欧委会将波罗的海战略与其他相关政策和项目相结合，推动行为体从波罗的海大区域各个层面参与战略的实施，鼓励同其他对波罗的海区域感兴趣的行为体进行对话和磋商，推动成员国参与战略的实施，评估并发布战略实施的最新进展，更新行动文件、推动欧洲理事会审核通过相关计划等。

高级别大区域战略工作组的任务包括：向欧委会献计献策；对战略实施和行动计划提出修正意见；提议欧委会和成员国仍需加强合作的领域。

成员国负责从地方和中央两个层面保障本国政府对波罗的海区域战略的政治意愿；将战略的实施与本国的发展计划相对接；支持国家协调员、政策领域协调员、横向行动协调员在各自领域所扮演的角色和发挥的作用。

国家协调员在国内寻求对波罗的海区域战略的政治支持；

---

① "The Governance System of the EUSBSR", https：//balticsea-region. eu/about/governance-menu.

② "Funding Resources", https：//balticsea-region. eu/about/funding-sources.

加强与其他国家协调员的合作;协助中央政府制订对该战略和行动计划的官方立场;与欧委会、政策领域协调员紧密合作,参与该战略和行动计划的制订与更新;在欧委会的要求下,监督国内的协调工作进度;鼓励相关行为体参与并落实该战略;增强该战略的透明度。

政策领域协调员从整个大区域的角度来协调和鼓励相关行为体参与。具体包括实施并跟进政策领域的相关目标;定期考察行动计划中的政策领域实施情况,提议必要的更新与修正;保证政策领域的透明度;与负责实施具体项目和融资的机构保持对话;与其他政策领域和横向行动协调员保持合作。波罗的海区域战略中横向行动协调员的任务与之类似。

旗舰项目领导者主要负责保障旗舰项目的实施;参与政策领域、横向行动的会议;支持政策领域和横向行动协调员参与旗舰项目;建立并保障与其他旗舰项目的协调;增强旗舰项目的透明度。[1]

2. 欧洲各类波罗的海合作项目

在欧盟制定出一个明确、统一的波罗的海大区域合作规划之前,波罗的海沿岸国家便开始积极推动该地区的区域合作,并将波罗的海区域主义与欧盟东扩及一体化相结合。北欧国家和德国对波罗的海地区的政治、经济、生态等问题均十分关注,所以这些国家也积极在波罗的海地区开展各类多边论坛。例如在德国和丹麦的倡议下,波罗的海沿岸的 10 个国家——丹麦、德国、瑞典、芬兰、挪威、爱沙尼亚、拉脱维亚、立陶宛、俄罗斯和波兰的外交部部长于 1992 年在丹麦首都哥本哈根举行会

---

[1] "Roles and Responsibilities of the Implementing Stakeholders of the EUSBSR and a Flagship Project Concept", http://balticsea-region.eu/images/olddocs/EUSBSR + roles + and + responsibilities.pdf.

议。各方联合成立了波罗的海国家理事会（Council of the Baltic Sea States，CBSS），其主要目的是建立一个可持续的、繁荣的和安全的地区。① 除了波罗的海国家理事会以外，很多与波罗的海相关的组织机构也相继成立，例如波罗的海海洋环境保护委员会（Baltic Marine Environment Protection Commission）、波罗的海商会协会（Baltic Sea Chambers of Commerce Association）、波罗的海城市联盟（Union of the Baltic Cities）、欧洲外围海事地区会议的波罗的海委员会（Baltic Sea Commission of the Conference of Peripheral Maritime Regions of Europe）、波罗的海议会大会（Baltic Sea Parliamentary Conference）、北方维度（Northern Dimension）和北欧部长理事会（Nordic Council of Ministers）等。从欧盟的角度来看，与欧盟直接相关的该地区合作倡议或政策主要有以下两个。

（1）欧盟的 INTERREG IIC 项目

自 1995 年以来，欧盟便积极推动波罗的海区域跨国合作的机制化。在欧盟大区域战略成型之前，INTERREG IIC 项目是其主推的项目。该项目在筹划阶段共收到来自相关国家共 120 份提议，最终采纳了 45 个。在项目第一阶段（1998—2000 年），欧盟共拨付了 4500 万欧元，用于加强波罗的海区域的发展、巩固社会和经济的趋同，以保障波罗的海地区的可持续发展和地区平衡。②

（2）波罗的海区域远景和战略（Vision and Strategy around the Baltic Sea，VASAB）

该战略是波罗的海区域在空间规划和发展方面的政府间多边合作，被波罗的海沿岸国家看作一种创新性的举措，旨在

---

① "About the CBSS", http：//www. cbss. org/council/.
② Scott James Wesley, "Baltic Sea Regionalism, EU Geopolitics and Symbolic Geographies of Co-operation", *Journal of Baltic Studies*, Vol. 33, No. 2, 2002, pp. 137 – 155.

通过跨国合作处理从水资源管理、城市发展到社会经济重建等一系列政治经济方面的地区问题。① 该战略有两个目的：一是充分联系政府和民间两个层面，促进对话。VASAB 明确包括了地方行为体、私人企业和社会代表。二是缩短东西欧社会经济发展水平差距。通过促进波罗的海东西两部分的融合来刺激波罗的海东部地区的经济发展。②

（三）欧盟两大区域战略的合作模式特点及困境

1. 合作模式的特点

第一，欧盟大区域战略的成型是一种自下而上的模式。与多瑙河区域合作相关的组织和规划最早由成员国或地方政府分别发起，各方独立经营。后来在匈牙利、罗马尼亚和奥地利等国的推动下，一个包括了整个多瑙河流域国家的、欧洲层面的多瑙河区域战略最终获得了欧盟首肯。同时欧盟也积极组织年度论坛等各类活动，广泛收集各层面利益攸关方的意见。可见，这一战略的成型是依靠自下而上发起的倡议，最终欧盟听取了来自成员国的需求和呼声。波罗的海区域战略有着相近的发展历程。起初是波罗的海沿岸国家之间开展合作，而后成员国在欧盟层面推动并设立了欧盟波罗的海区域战略。从这些区域合作发生的模式来看，欧洲的大区域合作从来都不是依靠欧盟传统的行政手段或欧盟层面的法律法规来进行强制管理或执行。此类大区域战略的关键在于民间机构、参与国中央政府、地方政府以及其他相关行为体的协

---

① Ralph Westermann, "VASAB 2010. A Critical Analysis", in Lars Hedegaard; Bjarne Lindström eds., *The Nebi Yearbook* 1998: *North European and Baltic Sea Integration*, Berlin, Springer, 2012.

② "VASAB History", https://vasab.org/home/about/history/.

调与合作。

第二，欧盟大区域战略为发展程度不同的国家提供了一个表达其利益关切的切入点。无论是经济发达的德国、奥地利和北欧国家，或是经济水平较差的罗马尼亚和保加利亚，各个参与多瑙河区域战略和波罗的海区域战略的国家均能够通过这两个平台表达自身诉求。欧盟大区域战略更像是各个利益攸关方交流的平台。各方借助这个平台从不同方面来表达它们共同的或者各自的关切。欧盟新成员国的诉求依旧集中于本国尽快实现趋同。尚未入盟的西巴尔干国家参与欧盟大区域战略意味着加速其入盟进程或加强欧盟对它们的认同。欧盟也能够借助这一平台从官方和民间层面加强与成员国和西巴尔干国家的沟通。

第三，欧盟大区域战略实施的前提是各方较为认同多瑙河和波罗的海等大区域的概念。在多瑙河战略方面，各国首先认同多瑙河区域战略的价值。虽然参与国均有各自的优先关切，但各国都期待能够从多瑙河区域战略中受益，并认为该战略可以作为一个中期战略以进一步促进欧洲一体化。各国也都普遍认为这一战略具备长期附加值。在波罗的海区域战略方面，波罗的海的区域主义是一直存在于历史之中的。波罗的海区域的汉萨同盟可以被认为是一个以拓展同俄国的贸易并保障货物安全的区域合作。汉萨同盟借助这一区域合作成为欧洲和世界贸易中一股不可忽视的力量。如今波罗的海的区域主义以及一系列相关的合作在欧洲一体化的背景下复苏，以推动波罗的海区域的趋同进程。

2. 合作模式的困境

第一，执行效率较低。多瑙河和波罗的海区域合作的概念确实赢得了较多支持。这是因为此前各国有过一定合作基础且对这两个概念的认同度较高。然而，这一合作模式的松散性以及非机制化的决策带来了两个问题：其一，未来决策和落实效率的高低决定了这些战略的吸引力,即是否能够继续吸引中央和地方政府、企业、非营利组织等各个利益相关者加入。其二,此类战略的可持续性依旧需要来自政治层面的大力支持。但是执行效率的提高意味着决策的集中,这将缩小各类协调员的活动空间。所以未来此类大区域战略的深化将会面临困境。

第二,多边与双边的关系。欧盟大区域战略首先是一个多边合作的框架,涉及参与国之间的互联互通等议题。但中东欧国家更多地将这一合作框架看作一个达成其自身目标的合作平台。对于这些国家的政治家来讲,多边合作是一种长线投资。他们更希望能够通过推动双边的、短期的、更容易达成的项目,从短线投资中获利。而且双边合作的协调成本要远低于多边合作。所以,如何协调好这种多边和双边的困境,会是此类大区域战略成功的关键因素之一。

第三,资本的来源。欧盟在制定这两大战略时均明确指出不会专门设立新的融资机构,欧盟的专项基金也不会提供支持。在这种情况下,虽然各方希望能够从已有项目或资源中获得融资支持,但是例如多瑙河河道通航、河水治理以及两岸联通等属于较大的基础设施建设工程,其周边的公路、铁路、产业园区等配套设施建设所需的资金更加难以预估。融资的困难显而易见。此外,两大战略设立的优先领域都不是每个国家独立行动或双边合作能够解决的问题,这涉及整个大区所有参与国的协调。在缺乏专项资金的情况下,各方达成一致的可能性进一步降低。

第四,参与国中不同集团之间的社会经济水平差距有可能加大。此类大区域战略的本质是合作方案的灵活性。那些社会发展程度更高、资源更多的国家倾向于利用这些战略进一步寻求新的增长点,而发展水平相对较差的国家则需要获得更多来自欧盟的协助才能更好地参与到此类战略之中。有观点认为,保加利亚、罗马尼亚等国家缺乏有效吸引资金的手段,这对原本就缺少资金来源的多瑙河区域战略影响颇大。① 如果这些国家没有获得相应的协助,那么这一战略有可能会适得其反,发达地区更加发达,且与其他地区之间的差距会继续加大。

---

① Bettina Müller; Hannes Leo, "Socio-Economic Assessment of the Danube Region: State of the Region, Challenges and Strategy Development", ftp://ftp.zew.de/pub/zew-docs/gutachten/Danube Region Final Report PartⅡ.pdf.

七　大变局下中国—中东欧国家合作模式探讨

　　本书从欧洲乃至全球的重大问题出发，结合了中东欧国家对这一合作及其模式的具体认知，深入研究了中国与中欧、巴尔干和波罗的海三个次区域合作的具体特点，并借鉴欧盟大区域战略的宝贵经验，为大变局下中国—中东欧国家合作这一多边的跨区域合作模式提供参考与研判。

　　中国—中东欧国家合作机制是一种由中方发起的、多边跨区域的、非紧密型合作模式。此合作模式既非紧密型的国际组织，又非松散型的论坛。在中国的外交实践中，既有制度化程度高的国际组织如上海合作组织，又有金砖国家合作机制、中非合作论坛、中国—拉美和加勒比国家共同体论坛等论坛式合作机制。中国—中东欧国家合作机制介于两者之间。中国—中东欧国家合作机制虽然没有共同的组织宪章、组织程序、常设机构和扩容规则，但 2012 年 9 月，中国政府在外交部设立中国—中东欧国家合作秘书处，作为推进合作的协调机构，其功能不同于其他论坛成立的中方后续行动委员会。2015 年 4 月，设立"外交部中国—中东欧国家合作事务特别代表"。中国—中东欧国家合作机制不同于其他论坛合作机制，专业领域的合作为中国—中东欧国家合作机制的重要组成部分，而论坛式合作机制多依赖各个专业领域论坛的支持。中国—中东欧国家领导人会晤在正常情况下每年举行一次，其高层会晤频率远高于论坛式合作机制。其多边的跨区域合作模式源于在国际社会中流行多边主义和跨区域主义的国际合作形式，具有一定的普遍性。但这一合作更是中国在百年未有之大变局下，为了践行新时代中国特色大国外交而创立的新举措，具有鲜明的时代特征和中国特色。然而，这一中方推动的跨区域非紧密型合作模式涉及繁重的协调工作，特别是中东欧国家差异性很大，利益诉求不尽一致。为降低协调成本，提高协调效率，寻求与中东欧次区域的合作不失为一条可行的路径。

（一）中国—中东欧国家合作模式的普遍性

与世界其他多边、跨区域合作一样，中国与中东欧国家合作同样源于国际政治、地缘经济格局的变化以及各行为体的因应对策。自2006年欧盟在对华政策上出现了一些重大变化之后，当时中欧双方经贸和政治领域的分歧和摩擦增多。然而此后的国际金融危机、欧洲主权债务危机、乌克兰危机、难民危机持续冲击欧盟，欧盟被迫将关注重点集中于内部事务和周边问题。与此同时，中国也开始重新审视对欧关系，即在维持中欧经贸关系正常发展的同时，发掘双方合作的新领域和新增长点。中东欧国家由于受到债务危机影响，开始寻找新的发展机会。由此，在欧洲寻求区域合作成为中国发展对欧关系的新视角，这也符合中东欧国家当时的需求。正是在这一窗口期，中国成功推动了中国—中东欧国家合作机制的成型。

中小国家对大国参与的多边合作模式始终抱有错误的评估，尝试获得与成本不成比例的收益。自2012年中国—中东欧国家合作机制正式成立以来，该机制一直受到各类批评声音的困扰。例如中东欧国家希望中国进行更多的绿地投资，认为只有绿地投资才能帮助本国提升生产力，提高就业率。但事实上中国企业更偏向于并购，不愿采用风险更大、项目周期更长的绿地投资。因为对于"走出去"的中国企业而言,并购是最稳妥的海外投资方式之一,绿地投资面临的风险较大。尤其是在政治相对多变、腐败仍旧盛行的中东欧国家进行绿地投资,这一行为的成本更高。对此,已有研究指出,中小国家对多边合作的自评估与他评估之间存在较大差距,而且这些国家不同的利益诉求经常导致其预期目标难以实现。①

与中国其他的对外合作一样,中国—中东欧国家合作机制也因西方自身历史局限性的限制而产生严重误解。西方认为,多边主义、跨区域主义的本质均是大国实现其地缘政治目的的工具,这与霸权和单边主义并不矛盾。而美国正是在多边主义和跨区域合作中实现了其单边主义的目的。这种偏见是基于西方对多边主义、跨区域合作等合作模式的认知偏见,而非基于当下国际形势和真实情况。欧洲认为,其契约式的合作模式是相互平等的主权国家在对称性博弈中形成的"公意",是一种建立在彼此之间平等协商基础上对等的权利和义务关系。在这种多边主义的合作模式中,每一个主权国家均不能独自支配区域秩序,而必须平等遵守和其他主权国家共同缔造的规则。它们享受的权利及承担的义务是大致相当的。而在美国等西方国家推行的合作模式中,作为公共权力中心的美国既是区域秩序的缔造者,同时也是这一合作体系得以维系的根本保障;美国和其他合作主体之间的关系是不对等的,它们在权利及责任面前所扮演的角色也是完全不同的。② 但是,这种局限性的认知并不足以解释和揭示新时代中国特色大国外交思想。以美国为首的西方国家更无法理解中国和平发展、不干涉他国内政等外交理念。

---

① 杨洁勉:《中国应对全球治理和多边主义挑战的实践和理论意义》,《世界经济与政治》2020年第3期。
② 高程:《区域合作模式形成的历史根源和政治逻辑——以欧洲和美洲为分析样本》,《世界经济与政治》2010年第10期。

（二）中国—中东欧国家合作模式的独特性

中国—中东欧国家合作机制中的多边主义是双向的多边主义模式，而非中国主导的单向模式。中国多边主义合作模式的成功实施不仅仅取决于中国，更依赖跨区域合作对象的意愿以及当地合作对象的资源和能力。只有将这些国家的利益和优势与中国—中东欧国家合作机制相结合，才能形成真正的多边主义合作模式。当前中国与中东欧国家在各个领域的合作并不是以中国为主。每个领域的合作协调机制都是由某一个中东欧国家在自愿的基础上，结合自身的考量来申请的。这种方式为真正的，而不是表面上的多边主义。这种在一国设置协调机制的做法正是双边和多边主义相结合的案例。一方面这些协调机制是对所有参与国都开放的，另一方面这也能够促进中国发掘特定国家的潜力。①

多边主义模式有效地结合了双边主义，两者相辅相成而非相互矛盾。中国—中东欧国家合作机制并没有过分强调多边主义的属性而忽视了双边主义的重要性。双边合作一直是该机制最基础、最重要的组成部分之一。在中国—中东欧国家合作机制启动伊始，中国—中东欧国家合作秘书处就有这样的定位，即双边合作是基础，中国与中东欧国家合作是平台和补充。如果中国与每个中东欧国家的双边关系发展得不好，谈平台的发展就是空谈，是无本之木、无源之水了。② 更为重要

---

① Lilei Song and Dragan Pavlićević, "China's Multilayered Multilateralism: A Case Study of China and Central and Eastern Europe Cooperation Framework", *Chinese Political Science Review*, Vol. 4, No. 3, 2019, pp. 277 – 302.

② 吴孟克：《如何应对"16 + 1 合作"面临的挑战——专访中国社科院欧洲研究所中东欧研究室主任刘作奎研究员》，《世界知识》2018 年第 15 期。

的是，该合作不会转化为一种双边关系的竞争，即中东欧国家不需要通过相互竞争来获得中国的投资。这种竞争性的关系只会阻碍这一合作理念的发展。这一合作平台将成为促进整个地区发展和增进中欧关系的框架，它符合中国和中东欧国家的共同利益。

多边主义模式是多层次的。中国与中东欧国家合作的多边主义不仅体现在国家层面合作的多边性中，也体现在地方合作的多边性中。中国与中东欧国家和地区的合作由来已久，而且一直都呈现出一定程度的多层级合作特点。2013年（中国重庆）、2014年（捷克布拉格）、2016年（中国唐山）和2018年（保加利亚索非亚），分别成功举办了四次中国—中东欧国家地方领导人会议。2016年6月，《中国—中东欧国家地方省州长联合会章程》在中国—中东欧国家地方省州长联合会第二次工作会议上审议并通过。此外，市长论坛也是地方合作中多边性的体现，主要包括了中国—中东欧国家首都市长论坛和中国—中东欧国家市长论坛。① 前者自2016年起已经连续举办了四届，后者自2017年起连续举办了三届。未来这种双边—多边合作平台需要进一步拓宽。②

跨区域模式与传统的、封闭式区域主义不同，是开放的区域主义新模式。西方传统观点认为，区域主义是封闭的，与多边主义是相互矛盾的，例如贸易区域主义就一度被认为违反了世贸组织基本原则。中国—中东欧国家合作机制中的跨区域模式是开放的。其开放性体现在两个方面，一是对区域外相关行为体的开放。迄今中国已经邀请了奥地利、白俄罗斯、欧洲复兴开发银行、欧盟和瑞士作为观察成员，而且也在历次峰会上

---

① 臧术美：《"一带一路"背景下中国与中东欧地方合作——一种多层级合作机制探析》，《社会科学》2020年第1期。
② 徐刚：《中国与中东欧国家地方合作：历程、现状与政策建议》，《欧亚经济》2019年第3期。

均公开表示,中国—中东欧国家合作机制是中欧关系的组成部分。此外,中国政府建立了相应的网站来加强透明度。二是这一合作不仅涉及中东欧国家自身,也涉及跨至欧盟范围之内的欧盟因素。中国—中东欧国家合作机制中的对象国中东欧国家均与欧盟有着复杂的联系,既有欧盟成员国,也有一直致力于尽早入盟的非欧盟成员国。所以对欧盟的开放是必然的客观要求。

跨区域模式并非是大国主导小国的模式,而是充分吸收各方意见的模式。在2018年的索非亚峰会上,各方第一次在纲要中明确提及了平衡的贸易、市场准入对等以及基建的公开招标等。这些都是欧盟以及中东欧国家一直关心的话题。有研究指出,中国与中东欧国家合作的经验证明中国是在不断地学习和改进,并根据最新的进展和反馈进行调整。这反映在历次峰会的纲要之中。[1] 在学术界,中国政府也一直致力于推动中国国内学界以及欧洲学界开展对中国与中东欧国家合作的研究。因此,中国—中东欧国家合作机制是一个开放共享的平台,其功能是协调国内外各方力量,积极推进中国和中东欧国家的全方位合作,从而为中欧合作及共建"一带一路"高质量发展贡献力量。[2]

(三) 欧盟大区域战略合作的启示

欧盟的多瑙河区域战略和波罗的海区域战略与中国—中东欧国家合作机制存在一定的共同点。首先,中国—中东欧国家

---

[1] Alfred Gerstl, "China's New Silk Roads. Categorising and Grouping the World: Beijing's 16 + 1 + X European Formula", *Vienna Journal of East Asian Studies*, Vol. 10, No. 1, 2018, pp. 31 – 58.

[2] 刘作奎:《"一带一路"倡议背景下的"16 + 1 合作"》,《当代世界与社会主义》2016 年第 3 期。

合作机制是多边与双边相结合的合作。该机制本身的多边属性能够促进中国与中东欧国家的整体合作，同时也能促进中国与某一个中东欧国家的双边合作。其次，该机制为中东欧国家提供了一个表达自身关切的平台。中国—中东欧国家合作机制一直秉承的是平等协商、互利互惠、开放包容和务实创新的合作理念。各个中东欧国家都能够充分表达自身的关切以及对该机制的建议等。最后，中国—中东欧国家合作机制中各国的发展程度和经济体量均有所差异。综上所述，中国—中东欧国家合作机制与多瑙河区域战略和波罗的海区域战略具备一定的可比性，特别是在合作模式的特点、演变和发展方面，中国—中东欧国家合作机制可借鉴欧盟这两大区域战略。总体而言，欧盟大区域战略说明了多边合作的重要条件，即重点国家的推动、沟通与协商的本质以及多层次的参与和互动。

第一，重点国家的力推是区域合作模式成功实施的必备条件。在多瑙河区域战略中，德国和奥地利一直以来都在大力推动相关工作，也是历届论坛参与人数最多的国家。虽然两个大国肯定有自己的利益关切，但是其对多瑙河区域战略的认同与关注确实对整个战略的发展起到了促进作用。此类重点国家的积极推动会给其他参与国带来信心，进而形成一种良性循环。在波罗的海区域战略中，德国和北欧国家的参与也起到了同样的作用。

对于中国—中东欧国家合作机制而言，中国作为该机制的倡议国，一直以来便通过各种形式，例如领导人峰会、经贸论坛和具体项目等来推动这一合作，希望能够对中东欧国家起到正面的示范效用。但与欧盟两大区域战略不同的是，该合作机制是一种跨区域的合作，中国与中东欧国家分处两个大洲。因此为了更好地起到促进作用，中东欧国家内原本应有国家去积极推动这一合作，这样才能对其他参与国起到更好的带动作用。但遗憾的是，参与该机制的中东欧国家中并没有像德国或奥地利这类传统欧洲大国，波兰虽然体量最大，但其实力和信服力仍无法与德奥相匹配。因此，仅仅依靠中国这种跨区域的"远程"推动模式，将成为该机制的一个发展瓶颈。

第二，区域合作模式的本质在于更多沟通与协商。如果将中东欧国家在波罗的海区域战略和多瑙河区域战略中的关切与中国—中东欧国家合作机制中的关切相比较，我们就会发现这些国家的关切并无太大差异，主要集中在改善基础设施建设、提高互联互通水平、推动中东欧国家的物流和旅游业发展等。其最终的目标都是吸引外来投资进而推动该国的经济增长。中东欧国家对于此类区域合作机制的关切仍主要集中在经济发展层面。这种诉求不仅体现在欧盟两大区域战略和中国—中东欧国家合作中，在欧盟各个层面的谈判中也均有所体现。

一方面，这表明中东欧国家缺乏实现自身利益关切的手段，需要借助更多区域性的合作和平台来充分表达。中东欧国家必须与大国进行区域性的合作才能更好地实现自己的经济发展目标。所以大国的力量与推动对中东欧国家十分重要。而对于任何计划与中东欧开展区域合作的参与者来讲，这种对大国参与的需求成为一种固定的模式。另一方面，这也表明欧盟两大区域战略以及其他各类合作，并未十分有效地满足中东欧国家的发展诉求，所以中东欧国家又再次向中国寻求新的、有大国参与的区域性合作。因此，中国—中东欧国家合作机制需将重点放在沟通协调与搭建平台这两个目标之上，同时关注实现中东欧国家的经济利益诉求。

第三，区域合作模式中多层次、多领域的参与，特别是地方层面的参与是不可或缺的条件。欧盟的这两大区域战略均是由地方层面来推动的，之后上达至欧盟层面并最终成型。这不仅是因为地方层面能够使得相关合作落地，也是因为地方政府更了解当地行为体的具体需求。例如最早与多瑙河流域相关的合作倡议，是由地方行为体通过欧洲地区委员会推动的。波罗的海区域的合作最早也是由沿岸地方商人所推动。两大区域战略均是自下而上的模式，先有了地方的需求，进而反映到国家层面，然后再上达至欧盟机构的超国家层面。如此的成型过程保障了相关战略在地方层面上会赢得更多的支持和认同。

中国—中东欧国家合作机制的模式则与之完全相反，是自上而下的模式，源自中国与中东欧国家领导人召开的一次峰会。随着国际环境以及各国政府的更迭，各国对中国—中东欧国家合作机制、对中国的看法不断变化，这导致部分国家对参与该机制的积极性不够稳定。当前各方大力推进的地方层面的合作，实际上面临不少困难。因为认同度和认知度很难通过自上而下的模式进行推广，这更应是地方层面上自发推动的。更重要的是，欧盟两大区域战略表明，需求在前合作在后。区域性的合作都是建立在需求的基础之上。而中国—中东欧国家合作机制之前在地方层面上并未产生有效的需求，或者说对这一合作的需求不够大。这一点将成为在地方层面提高对中国—中东欧国家合作机制认知度和认同度的最大障碍。

第四，地缘政治因素不是区域合作模式中的主要组成部分，但仍不可忽视。在波罗的海区域战略的酝酿过程中，当时俄欧关系的稳定为这一过程提供了重要的外部推动力。俄罗斯是波罗的海区域的重大利益相关者，十分关注欧洲国家以及欧盟机构在波罗的海的活动。虽然该战略的设计初衷并非是为了处理与俄罗斯的地缘政治问题，但是俄罗斯的态度无疑是该战略能够有效实施的关键因素。

对于中国—中东欧国家的合作模式而言，务实合作是一直以来的主题，但是相关的地缘政治因素会影响参与国，进而间接影响该合作。中东欧地缘政治局势的稳定对该合作的发展是不可或缺的。但整个中东欧地区的利益关系十分复杂。欧盟、德法等欧洲老牌国家、美国、俄罗斯、土耳其等均是该地区一直以来的利益攸关者。在这样的背景下，中国与17国启动了中国—中东欧国家合作。如今俄欧关系、土欧关系、土希关系等均较为紧张，美国也开始加大在中东欧的活动。因此当下该合作的地缘政治条件并不乐观。

第五，需要意识到的是，中东欧国家已经十分熟悉此类区域合作模式的缺陷和优点。欧盟多瑙河区域战略和波罗的海战略均无一个真正的主管机构。欧盟两大区域战略中均设立了各个优先领域的协调员以及各个参与方的协调员。所以各个参与国之间的横向协调与合作是此类合作的主要内容。大部分中东欧国家早已参与欧盟大区域战略或与之类似的合作，因此这些国家对此类区域合作的模式应该不会陌生。

中国—中东欧国家合作机制的这种协商特点与欧盟两大区域战略相近。中国—中东欧国家合作秉承平等协商的原则，以双边带多边，以多边促双边。在经贸投资、旅游、基础设施建设等各个优先领域设有协调机构。为了体现平等与协商，此类机构均是由某一个中东欧国家牵头组建。同时，参与该机制的中东欧国家还在各自的相关部委内部设协调员一职，专门负责本国与中国和其他中东欧国家在该机制中的事务。对中东欧国家来讲，这种合作模式及其带来的效率是它们所熟知的。但是，很多中东欧国家却以成果不足为由负面评价中国—中东欧国家合作机制。这一现象说明两个问题：一是这些国家不仅仅是对中国的抱怨，也是对这种协商式合作模式的抱怨。虽然这些国家加入了与欧盟大区域战略相近的合作机制，但仍然过于期待从这种类似的模式中快速满足诉求。二是如果在充分了解此类合作模式缺点的情况下，中东欧国家依旧愿意加入中国—中东欧国家合作机制之中，那意味着中东欧国家对中国有着更大的期待，即期待中国发挥的作用将比德国、法国或欧盟等更为有效。事实上，这是不切实际的期待。

（四）国际变局对中东欧国家对华政策的影响及应对

1. 国际秩序变化与中东欧国家对华政策的变化

（1）国际秩序变化的新动向

自2016年起，国际秩序进入了剧烈变动时期，其标志性事件为英国脱欧公决和特朗普当选美国总统。一些国际问题观察家认为，上述事件的重要性堪与1989年的东欧剧变相比。世界潮流发生了变化，冷战结束后高歌猛进的全球化遭遇逆流，去全球化成为某些西方国家的国策。例如，匈牙利从全球化的热忱参与者变成逆全球化的弄潮儿，匈牙利总理欧尔班认为，旧的全球化模式已经结束，失去动力。近年来政治上民粹主义力量上升，经济上贸易保护主义与经济民族主义盛行，国际上单边主义抬头，上述变化严重冲击现有的国际政治经济秩序。特朗普在2016年竞选美国总统期间激烈抨击全球主义，抱怨美国在全球化中吃亏，高呼美国第一。

特朗普就任总统后，履行其竞选诺言，奉行单边主义、贸易保护主义、经济民族主义。特朗普政府向中国挑起经贸摩擦，视中国为战略竞争对手，中美关系走向恶化。2020年突如其来的新冠疫情使中美关系雪上加霜，两国战略互信丧失殆尽。特朗普政府推动美中脱钩，涉及诸多领域，从贸易到技术，从教育到媒体，从人权到安全。美国竭力向其盟友散布中国"威胁"论，施压其盟友与美国合作对抗中国。美国驻中东欧国家大使发表涉华文章，在抗疫问题上抹黑中国，企图影响中东欧国家对华舆论。美国与欧洲正在形成关于中国的对话机制，美国呼吁跨大西洋战略觉醒，分享关于中国的信息，使对话机制成为行动的催化剂。2020年6月，美国国务卿蓬佩奥出席丹麦"哥本哈根民主峰会"发表讲话，呼吁欧盟"在自由和暴政之间"

做出选择。2020年8月,蓬佩奥访问捷克、斯洛文尼亚、奥地利和波兰,试图拉拢中东欧国家对抗中国,使中东欧国家成为新冷战的前沿阵地。蓬佩奥在捷克参议院发表演说,宣称中国的胁迫和控制运动是比冷战期间的苏联更大的全球威胁,与俄罗斯或中国的能源或科技公司合作会动摇捷克的独立。蓬佩奥还为行将窜访台湾的捷克参议院议长韦斯特奇尔撑腰打气,赞许韦斯特奇尔之举。蓬佩奥敦促欧洲国家加入"清洁网络"计划,不在本国的5G网络中使用华为设备。2020年10月,蓬佩奥访问希腊、意大利和克罗地亚,造谣抹黑中国,呼吁欧洲国家与中国保持距离,对中国投资保持警惕。2020年10月23日,美国国务卿蓬佩奥和欧洲外交与安全政策高级代表博雷利举行了"双边对话",正式启动美欧关于中国的对话机制。[①]基辛格也在力推美欧合作,他宣称如果美国和欧洲不能再次成为一个利益共同体,美国将成为一个孤岛。欧盟将成为"欧亚大陆的附属国"。拜登上台后,欧美合作进一步加强。2021年6月,欧美成立贸易与技术委员会(Trade and Technology Council,TTC),推动在与贸易和技术相关的问题上的合作。

一方面欧盟面临英国脱欧的危机,另一方面欧盟试图重新界定其在国际体系中的角色。2019年3月,欧盟出台新的对华战略,将中国定位为欧盟的"合作伙伴""谈判伙伴""经济竞争者"和"制度对手"。同月欧盟出台投资审查规章,2019年12月,欧盟委员会主席冯德莱恩将欧盟委员会界定为"地缘政治委员会",称新一届欧盟委员会将致力于提升欧盟在国际舞台中的地位。新的欧盟机构对华的看法继承了2019年3月的欧盟对华战略。欧盟外交与安全政策高级代表博雷利视中国与俄罗斯一样为危险的新帝国。"俄罗斯、中国和土耳其有三个共同的

---

① "Launch of the U.S.-EU Dialogue on China", https://www.state.gov/launch-of-the-u-s-eu-dialogue-on-china/.

特点：它们对外部世界是主权主义者，在内部边界是威权主义者。"他强调要"与这些不同于我们的价值观的新帝国和平谈判和解决冲突，我们也必须学会以所谓的权力语言说话"①。博雷利认为欧洲过去对中国的政策过于天真，现在欧洲将变得更加现实。② 在对华政策上，美国希望欧洲与美国合作，遏制中国的影响，欧洲面临选边站的压力。在国际环境变化的背景下，欧盟开始追求"战略自主"。2021年9月，法国财政部部长勒梅尔称欧盟应当成为能够比肩中美的"超级力量"。欧洲理事会主席米歇尔强调"欧洲战略独立'为欧洲新的世纪工程'"，欧洲"战略自主"是第一号目标。欧洲不希望成为中美博弈的竞技场，欧洲对美和对华政策不是简单的选边站，而是基于自身的利益处理对美和对华关系。德国智库的报告认为，"自主总是相对的。从政治上来说，这意味着日益增强的准备，它是一个进程，而不是一个条件。自主既不意味着孤立，也不意味着拒绝联盟。自主本身并不是目的，而是保护价值观和促进利益的手段"③。由于欧盟绝大多数成员国为北约成员，而且欧美在价值观上保持一致，在涉华的经贸议题上有共同的关切点，需要高度关注美欧关系对中欧关系的影响。

（2）中东欧对华政策的变化

在国际局势变化的背景下，中东欧国家的对华政策也在发生微妙变化。中东欧国家的对华政策在不同程度上受到外部因

---

① Josep Borrell, "Europe in the Face of the New Empires", https://www.eeas.europa.eu/eeas/europe-face-new-empires_es.

② "Borrell Acknowledges that the EU has Been Naive With China, Now it is More Realistic", https://spainsnews.com/borrell-acknowledges-that-the-eu-has-been-naive-with-china-now-it-is-more-realistic/.

③ Barbara Lippert, Nicolai von Ondarza and Volker Perthes eds., *European Strategic Autonomy: Actors, Issues, Conflicts of Interests*, SWP Research Paper, Paper 4, March 2019, Berlin.

素的影响，中国与中东欧国家合作面临更加复杂的形势。

美国最近几年加大了对中东欧国家的外交投入，公开抹黑中国，挑拨离间中东欧国家对华关系，排挤中国在中东欧地区的政治和经济影响力。美国阻止中东欧国家5G网络使用华为设备，与一些中东欧国家签署5G安全联合声明或谅解备忘录。例如，2019年美国分别与捷克、波兰、爱沙尼亚签署5G安全联合声明，与罗马尼亚签署5G安全谅解备忘录。2020年2月，美国与拉脱维亚签署5G安全联合声明，2020年8月，美国与斯洛文尼亚签署5G安全联合声明，2020年9月，美国与立陶宛签署5G安全谅解备忘录。同月塞尔维亚与科索沃在白宫签署了一项"经济正常化"协议，塞尔维亚和科索沃均承诺不使用不受信任的供应商的5G设备。2020年10月，美国与斯洛伐克、保加利亚和北马其顿签署5G安全联合声明，与科索沃签署5G安全谅解备忘录。美国已与中东欧十国签署了5G安全协定，尽管联合声明或谅解备忘录没有提及任何公司名称，但是针对华为的意图十分明显。2020年7月，波兰总理莫拉维茨基在英国《每日电讯报》发表文章，强调在5G安全问题上整个欧洲必须与美国站在一起。在5G网络方面，欧洲必须继续保持与美国的联盟。[1] 美国在中东欧国家散布中国"威胁"论，呼吁中东欧国家对中国提高警惕。中东欧16国中已有14国为北约成员国，北约东翼国家如波罗的海三国、波兰、罗马尼亚等国由于克里米亚事件，更加需要北约特别是美国的安全保护。北约东翼国家的对华政策更易受美国的影响。2022年俄乌冲突升级，中东欧北约东翼国家感受到前所未有的不安全感，呼吁美国加强在北约东翼国家的军事存在。

---

[1] "Prime Minister Mateusz Morawiecki for Daily Telegraph", https://www.gov.pl/web/ukraina/mateusz-morawiecki-w-daily-telegraph-w-kwestii-5g-cala-europa-musi-stac-razem-z-usa.

近年来，美国积极参与"三海倡议"，对中东欧欧盟成员国的影响明显增强。美国前总统特朗普甚至公开要求阿尔巴尼亚退出中国—中东欧国家合作机制。在美国的干预下，2020年6月罗马尼亚突然取消与中国核电企业持续多年的核电谈判。2019年7月，立陶宛总统瑙塞达以国家安全为由，表示不支持吸引中国投资参与克莱佩达港口的现代化建设项目。2019年10月，布拉格市长贺瑞普不断挑动亲台议题，北京市宣布与布拉格解除友好城市关系。2020年9月，捷克参议院议长维斯特奇尔窜访中国台湾，蓄意干涉中国内政。2021年5月，立陶宛宣布退出中国—中东欧国家合作机制。立陶宛官方在涉台问题上的鲁莽之举更是将中立关系推向了危机，直接挑战两国关系的政治基础。2021年7月，立陶宛官方公然宣布，允许台湾当局以"台湾"名义设立所谓"代表处"，此举直接挑战一个中国的原则。2021年8月，中方决定召回中国驻立陶宛大使，并要求立陶宛政府召回驻中国大使。中立关系面临建交以来最严重的危机。2022年8月，爱沙尼亚和拉脱维亚退出中国—中东欧国家合作机制。

欧盟一向对中国与中东欧国家的合作持有疑虑，某些欧盟官员指责中国分化欧洲，对欧洲实行分而治之。近年来，欧盟日益将中国视为竞争对手，关注中国在西巴尔干国家的存在。欧盟一官员宣称欧盟高估了俄罗斯在西巴尔干的影响，低估了中国在西巴尔干的影响。新冠疫情的暴发导致欧洲对华的信任下降，欧盟有关文件选择性地提及中国，公开指责中国"散布虚假信息"。2020年，时任欧盟委员会主席冯德莱恩在"盟情讲话"中强调"西巴尔干是欧洲的一部分，不是丝绸之路的中转站"[1]。2022年俄乌冲突爆发导致欧盟对华信任进一步下降。

---

[1] "Von der Leyen: Western Balkans are Part of Europe, Not Just a Stopover on the Silk Road", https://europeanwesternbalkans.com/2020/09/16/von-der-leyen-western-balkans-are-part-of-europe-not-just-a-stopover-on-the-silk-road/.

欧盟为追求"战略自主",会强化欧洲团结,要求中东欧的欧盟成员国与欧盟保持一致。在对华政策上,欧盟某些成员国向中东欧国家施压的可能性大大增加。

2. 应对地缘政治变化,特别是中美竞争对中国—中东欧国家合作的影响

在地缘政治环境变化的背景下,我们需要高度关注地缘政治变化对中国与中东欧国家关系的影响,沉着应对地缘政治环境变化对中国与中东欧国家关系的挑战。

美国在全球范围内打压中国的趋势日益明显,美国政要近期多次访问中东欧国家,力图在5G技术、能源、投资安全等领域拉拢中东欧国家联合反华。中东欧国家,特别是波兰、罗马尼亚、波罗的海国家担忧俄罗斯的威胁,对美国有地缘政治安全需求,因此在5G、能源合作等领域发出了对华不友好的声音。

面对美国在中东欧国家咄咄逼人的攻势,中国需要稳住阵脚,一方面不随美国的节奏起舞,另一方面要坚定捍卫中国的核心利益,据理抗争,驳斥美国对华的无端指责。中国还需要高度关注中东欧国家地缘政治的演化及其影响,不介入中东欧地区的地缘政治纷争。

在当前的局势下,稳定中欧关系具有战略意义。近年来,欧洲对华认知和对华政策发生变化,中国被视为关键经济伙伴,也是竞争者和对手,欧洲对华政策强调价值与利益并举。面对大国竞争的态势,欧盟追求"战略自主"的决心已定。尽管欧盟面临美国的压力,虽然欧美关于中国问题的对话机制已经启动,但迄今为止,欧洲并未加入遏制中国的所谓"志同道合国家的联盟",欧盟强调基于其利益考量发展对华关系。需要明确的是,在国际秩序剧烈变化的背景下,欧洲是促进国际秩序稳定的不可或缺的力量。中国需要正视中欧之间的分歧,推进具

有共同利益的领域的合作，如气候变化、环境保护、应对大流行病、数字经济、经济复苏、基于多边主义的国际秩序等。

发展中国与中东欧国家关系需要考虑中欧关系的大局。中东欧国家中有 11 个欧盟成员国，5 个西巴尔干国家也以加入欧盟为目标，并与欧盟形成了层次不同的制度联系。针对欧盟对中国与中东欧国家合作的疑虑，中方需要进一步与欧盟增信释疑，明确中国对欧洲一体化的支持，中国无意也不会分化欧洲。中国与中东欧国家的合作需要顾及欧盟的关切，中国与中东欧国家的务实合作不挑战欧盟的法规，不影响欧盟内部的团结。中方可以实际行动消除欧盟大国的疑虑，寻求与欧盟老成员国在中东欧地区的务实合作项目。

就中国的外交政策、对欧政策、中国对中东欧国家的政策，要及时与中东欧国家进行沟通。对中东欧国家在美国压力下损害中国利益的举措要做出有理、有利、有节的反应。未来中国—中东欧国家合作要争取中东欧国家的支持，在具体合作中避免过多牵涉大国博弈因素，中国要尽力消除中东欧国家与中国合作的顾虑，同时表达对其地缘安全考虑的理解。要避免造成中国在中东欧地区寻求地缘政治目标的印象，突出务实合作，无论是双边关系还是中国—中东欧国家合作都要立足于互利共赢的务实合作。

应当客观评估国际环境变化对中东欧国家对华关系态度和期望的变化。一方面，冷战结束后，中东欧国家的国际地位虽然有所提高，但中东欧国家的依附性没有改变。中东欧国家（塞尔维亚除外）依附于美国主导的北约军事联盟体系，北约东翼国家如波罗的海三国和波兰更加依赖美国的军事保护。近年来，美国加强了在中东欧地区的外交活动，强化在中东欧地区的军事存在。美国具有向中东欧国家施压的手段。另一方面，多数中东欧国家为欧盟成员国，中东欧国家在经济上更倾向融入欧洲经济圈，从欧盟获益良多。中东欧盟成员国积极参与欧盟的政治进程，捍卫其利益。欧盟追求"战略自主"也将对中东欧国家有更多的约束。

由于外部因素的影响，一些中东欧国家的对华态度出现摇摆，对中国—中东欧国家合作机制以及"一带一路"倡议的参与热情有所下降。客观地看，中东欧国家多为小国，有在国际舞台中追求主体性的愿望，希望利用大国博弈提升自身的地位。考虑到中国在全球日益增长的影响力，中东欧国家仍有发展对华关系的实际需求。2019年2月，匈牙利外长西雅尔在同美国国务卿蓬佩奥共见记者时表示，在讨论中国问题时要摒弃虚伪的方式，为中国与匈牙利的关系辩护。克罗地亚总理普连科维奇与蓬佩奥一道会见记者，公开称赞中国发展与中东欧国家关系的框架很有价值。尽管中东欧国家不可能以统一的方式与中国打交道，一些中东欧国家仍期待中国—中东欧国家合作机制能够推动双边关系的发展。新冠疫情导致中东欧国家出现了严重的经济和社会危机，中东欧国家经历了数波疫情冲击，在应对公共卫生危机和经济危机上对华有实际的合作需求。俄乌冲突爆发后，中东欧国家对安全的关切上升。由于中东欧国家对中俄关系的误解，对华信任下降。面对国际变局，中国在发展中东欧国家关系上应当关注外部因素对中东欧国家的影响，把中国与中东欧国家关系置于中欧关系的大局中加以考虑，以灵活务实的方式稳定中国与中东欧国家的关系。

（五）在中国—中东欧国家合作机制下与三大次区域合作的建议

1. 中国与波罗的海三国的合作

波罗的海三国在发展对华关系上有类似的合作需求。自中国—中东欧国家合作机制形成后，波罗的海三国在中国的知名度有很大提高。波罗的海三国视之为参与中国—中东欧国家合作机制的一大收获。鉴于波罗的海国家相继退出中国—中东欧国家合作机制，中国与波罗的海国家的关系需要立足于双边关系，关注三国在基础设施、贸易、投资、农业和旅游领域的合作需求。中国应当高度关注国际秩序变化和大国博弈态势对波罗的海三国外交政策的影响。未来中国可从智库交流、电子商务和金融三个领域寻求新的合作突破点。

第一，明确波罗的海国家的合作诉求。波罗的海国家希望加强与中国在物流和交通领域的合作。中国已经陆续开通了义乌—里加、西安—穆格港以及义乌—维尔纽斯的中欧货运班列，应适当继续增加相关班次，使波罗的海国家的物流部门能从中获益。在贸易方面，波罗的海三国希望扩大对华出口，减少贸易逆差。在2014年乌克兰危机后，波罗的海三国试图减少对俄罗斯的出口并拓展中国市场。中国应当为波罗的海国家商品进入中国市场提供便利，以继续保持三国对华出口的持续增长。对波罗的海国家的农产品、海产品等进入中国市场，有关部门应当提供便利。在人文交流方面，波罗的海国家希望成为对中国游客有吸引力的目的地。中国的相关机构应配合波罗的海三国的旅游部门做好旅游宣传推广工作。国内旅行社可考虑开发适合国内游客需求的相关旅游产品。

第二，关注主要国际行为体对双边关系的影响。首先要关注美国在波罗的海的行动。波罗的海国家视俄罗斯为最大的地缘政治威胁，视美国主导的北约为安全保障者。近年来美国试图借此挑拨中国与波罗的海国家的关系，散布中国"威胁"论。这不可避免地会对波罗的海国家产生影响。波罗的海三国安全机构报告对华认知的变化便是其反映。在美国的游说下，爱沙尼亚和拉脱维亚与美国签署了5G安全联合声明。波罗的海国家在人权等议题上追随美国的可能性也较大。此外，发展与波罗的海国家的关系还应当考虑中欧关系的大局，从稳定中欧关系的角度考量中国与波罗的海国家的关系。

第三,寻求特定领域的合作。爱沙尼亚的电子政务蜚声国际且发展势头良好。中华人民共和国商务部与爱沙尼亚经济事务和通信部已签署电子商务合作的谅解备忘录。推动中国和爱沙尼亚在电子商务合作上取得突破至关重要。中国与爱沙尼亚在数字领域尚有合作空间。在智库合作方面,中国与波罗的海国家的智库交流滞后于中国与维谢格拉德集团各国的智库交流,可进一步推动中国与波罗的海国家的智库交流。

在波罗的海三国退出中国—中东欧国家合作机制后,中国与波罗的海国家的合作必须立足于双边关系,根据波罗的海三国对华态度及需求因国施策。基于目前的地缘政治现实和双边关系的现状,中国与波罗的海国家的合作不应追求宏大的目标,要立足于在一些具体的领域取得进展。中国与波罗的海国家的合作应当降低预期,脚踏实地地推进互利合作。

2. 中国与中欧四国的合作

虽然中欧四国的国情不同且与中国的合作重点也有一定差异,但在投资、经贸、基础设施建设等领域的诉求基本相近。对此,中国应正确诠释中国—中东欧国家合作的含义,更多强调中东欧国家对中国—中东欧国家合作应做出的贡献,还应适度宣传中国—中东欧国家合作的成果及其影响力,不应夸大其词,以免引发不必要的负面反响。此外,中国应同中东欧国家一道积极落实已有的协作平台,而非另起炉灶。

第一,明确中欧国家的合作诉求。中欧四国希望将本国打造成为中欧贸易的集散地。中欧四国基础设施建设的大部分融资是通过欧盟基金和欧美企业实现的,对中国资金的需求并不大。但中欧四国并没有完全将中国排除在基础设施领域之外。波兰的中央交通港、斯洛伐克的宽轨铁路和多布拉多式联运中心等项目也支持中国参与投资。中欧四国希望借助基础设施的完善，吸引更多的中国货物在本国入境转口。在贸易合作方面，中欧四国期待服务贸易有所提升。自中国—中东欧国家合作机制成立以来，中欧四国与中国贸易逆差的水平不断加大，其传统的出口优势在与中国的贸易中未能得到体现。当前中欧四国转而尝试通过旅游和物流领域的合作缓解逆差。中国赴中欧四国旅游人数和过夜人数的增长将促进这些国家对中国的服务出口，进而抵消部分货物贸易的逆差。另外，利用基建合作推动的物流仓储服务也可成为对华服务出口的一个增长点。

第二，正确诠释中国—中东欧国家合作的模式。中欧四国普遍出现了一种期待中国政府"大包大揽"的倾向或偏见，期待中国政府施加影响力，以促进更多中资企业进行绿地投资、更多中欧班列在斯洛伐克换轨入境等。这些观点背后所隐藏的错误认知是，中欧四国与中国合作便意味着中国政府必须对合作项目大包大揽。这种认知带来严重的不良影响。在中欧国家看来，如果中欧四国没有吸引到足够的绿地投资，那么中国政府应当对此负责。如果合作项目出现差错，对象国则倾向于将失败全部归咎于中方。对此，中国应适当减少对相关合作项目的宣传力度，重点培养这些国家对与中国合作模式的正确且负责任的认识。中国要多强调互利共赢或双赢背后所代表的含义，即双边经贸和投资等务实合作水平的提升，并不完全取决于中国的政治决策以及中国企业的行为。中东欧国家自身的投资激励、运输成本、原材料价格、产品质量等同样也是决定经贸投资水平的核心因素。中国—中东欧国家合作的效率和成果很大程度上取决于双方的合力。

第三，积极发挥已有协调平台的作用。当前各国牵头在中国—中东欧国家合作机制下组建了各类合作平台或协调机制。但这些平台或机制并未发挥原本的作用。各国的牵头作用较弱。另外，每年一届的中国—中东欧国家领导人峰会虽然轮流在各国举行，但是该主办国并不是正式的轮值主席地位，对议程的参与度并没有大幅度提高。这些都造成了一种印象，即中国成为所有合作领域的牵头人或推动者，更成为主管、协调与执行的主要国家。

3. 中国与东南欧国家的合作

近年来，中国与东南欧国家的贸易额稳步增长，但贸易逆差依然较高。这主要是由于东南欧国家的产业规模有限，高质量的优势产品对华出口不足且互联互通水平较低。中国对东南欧地区的投资项目集中在基础设施建设领域，但近年来中方的融资工具和融资方式出现了瓶颈，较难满足东南欧国家的需求。对此，中国应鼓励东南欧国家集中优势产品后寻求对华出口渠道。在投资方面，中国应积极在医疗卫生、数字经济等新领域寻求机会，并关注美国对东南欧国家的游说。

第一，深入认识中国与东南欧国家贸易合作的特点。近年来，东南欧国家同中国贸易额稳步增长，但在中欧贸易中乃至中国与中东欧国家的贸易中地位并不突出且贸易逆差加剧。根据中国海关总署发布的数据，2022年的中国与九个东南欧国家贸易额总和略高于中国同捷克的贸易额，远低于中国同波兰的贸易额。贸易额的增长主要集中于这些国家对华出口的增长。这主要是因为东南欧国家产业规模有限，优质特色产品产量较少，难以在短期内增加对中国的出口量，也难以满足中国庞大的市场需求。贸易水平低还因为双方互联互通水平较低，不利于双边货物贸易。例如中欧班列目前大多经过中欧国家，特别是90%的中欧班列中转都是在波兰，尚没有直达东南欧地区的中欧班列开通。

第二，深入认识中国与东南欧国家投资合作的特点。目前中国的基建项目集中在东南欧非欧盟成员国。中国—中东欧国家合作机制下的基建项目几乎全部集中在东南欧地区，而这些项目又多集中在非欧盟成员国。这是因为欧盟成员国在基建项目方面的各类门槛较高,如技术水平、劳工待遇、环保标准等。对于未入盟的东南欧国家来说,一方面本国对于基础设施建设的需求较大,而来自外部的资金有限,另一方面作为非欧盟成员国,可以规避各种欧盟规则,便于外国企业进入该地区。但是,中国在东南欧地区的融资优势逐渐减弱。目前100亿美元的中国—中东欧国家专项贷款额度已接近使用完毕。其他可以获得融资支持的工具,如中国—中东欧投资合作基金、中国—中东欧基金、中国—中东欧银行联合体基金等融资机制尚未健全,融资能力有限,短期内不能满足东南欧国家的投资需求。此外,基建项目的合作方式难以实现突破。目前中国在东南欧国家进行的投资多采用主权担保贷款的形式,但由于政府负债率问题,公私合营模式逐渐成为这些国家所希望的融资模式。不过,这些国家对这一模式也并不熟悉。根据2015年的统计,大部分中东欧国家的公私合营资产占GDP的比重低于1%,有很多国家甚至没有PPP资产。

第三,适当增加东南欧国家对华产品出口渠道。东南欧国家的优质产品产量有限,难以满足中国市场的巨大需求。只有做好东南欧国家优势产品对华出口的整合工作,才能使其具有出口中国市场的规模效应,从而推进双边贸易发展。例如在农业领域,可考虑利用若干农业合作社,统一收购、运输、销售,从而实现该地区农产品大规模的对华出口。这类农业合作社面向的不仅仅是一个国家,而是要整合该地区若干国家的优势产品,形成对华出口的规模效应,从而克服单独一个国家产业规模有限的障碍。

第四,充分考虑美国的干扰因素。当前该地区除了塞尔维亚和波黑之外,都是北约成员国。这些国家在军事安全方面对美国的依赖程度依然很高。美国的企业、非政府组织在东南欧地区有着较深的基础,美国利用其在东南欧地区的影响力,阻挠中国在该地区投资项目合作。

（六）完善中国与中东欧国家合作模式的建议

第一，继续坚持中东欧与中国这种准机制化的合作模式，避免造成朝向完全机制化发展的印象。准机制化意味着该合作中并没有明确的主管、监督和执行机构，主要依靠参与国互相之间的协调与沟通。也正是因为这个原因，中国—中东欧国家合作机制下各国牵头组建了各类合作平台或协调机制，以便提高协调效率降低沟通成本。但是当前与中东欧国家合作中，这些平台并未发挥原本的作用，各国的牵头作用较弱。当下在这一合作框架下设立了40多个专业合作平台，涉及众多合作领域。随着合作的深入，各领域平台建设效率、发展水平亟待提高。首先，各国政府应鼓励并支持平台开拓资金渠道，以多元化投入机制，鼓励各平台面向市场获取社会融资，整合各方资金助力平台发展。其次，完善平台管理制度，引入退出机制。平台建设缺乏量化评价标准和监督约束机制，平台建设水平良莠不齐，有的甚至名存实亡、形同虚设。因此需要在该合作机制下建立量化考评体系，并考虑对各种平台实行退出机制，通过量化考评体系，根据各方的意愿关停不具活力的平台。最后，避免平台碎片化和盲目数量化。目前很多平台片面追求数量，而导致代表性不强，一些非常小的领域建立的平台如图书馆联盟、出版联盟、兽医中心等必要性不强。如海关联盟等可能会涉及欧盟层面的政策，较为敏感。因此平台建设要注意代表性和考量政治因素，不能为追求数量而建立平台。

正是基于这一原因，V4并不能成为中国与中东欧国家合作的有效补充，因为两者的合作模式相近。V4是为了加强中欧四国在欧盟内部的存在而建立的合作，并不是为了加强中欧四国与其他大洲国家的合作。而且进一步扩大V4＋的模式，将加大中欧四国由于产业结构相近而造成的竞争压力，这将更加不利于中欧四国统一立场和战略。而对于中国来讲，与中东欧国家的合作原本是为了加强中国与中东欧国家关系而启动的，但是 V4 这种与之相近的、依靠协调的合作模式，只会进一步增加该合作中的行为体数量，并不能降低协调和沟通成本。

第二，避免对合作模式的过度宣传，适当降低中东欧国家的期待。首先，重点培养参与国对中国—中东欧国家合作机制的正确且负责任的认识，要重新诠释这一合作中的互利共赢。合作双方取得成果并获利，是建立在双方共同承担责任和共同付出的基础之上。只有双方在具体项目中完成各自的分工，并取得收益后，这一合作才能被称为共赢合作。

其次，适当减少对中东欧国家经济带动和影响效果的宣传，不要让这些国家将其与中国的合作模式政治化。有些国家将与中国的合作描绘成了获取政治成绩的手段。此类说法带来两种严重后果：一方面，让欧盟以及西欧国家认为中国有足够的实力来"分化"欧洲；另一方面则让该国各界对与中国合作产生过高的、不切实际的期望。中国需要做的，是在不降低 V4 国家合作积极性的前提下，让这些国家意识到，虽然与中国的合作给本国和欧洲带来了新的竞争者，中国产品也打开了欧洲市场，但是在整个产业和金融关系方面，中国并没有带来实质性的改变，也没有从根本上改变一国的产业格局或经济增长模式。

需要注意的是，部分中东欧媒体、智库界对当前中国外交采取的政策和外宣方式表示不适应，认为中国在援助欧洲抗疫方面的宣传过度，把中东欧国家描绘成了受恩惠的国家，更没有说明中东欧从中国获得的医疗物资多是采购，而非捐赠。很多中东欧学者认为，西方媒体对于中国"战狼"式外交评价较为负面。虽然中国的公共外交活动是为了改善和提升国际形象，但中东欧的政治精英对中国的外交话语感到不习惯，这进而会影响该合作和中欧关系。

对于中东欧智库这种态度，需要辩证分析。中东欧智库及媒体在对华态度上明显存在双重标准。中国积极有为的外交政策往往与中国"威胁"论相连。中东欧媒体、智库对中国提出的人类命运共同体等合作理念不了解或者不关注。中国外交政策的执行及对外宣介中确实存在一些对相关国家受众的反馈和意见缺乏了解与回应的现象。因此，需要在公共外交活动中关注中东欧国家的民意反馈，及时根据反馈情况调整宣传力度和手段，同时注重与有关国家不同机构、群体之间的交流工作。

第三，中国—中东欧国家合作进一步下沉，突出务实、灵活的特色。中国—中东欧国家合作机制建立以来，各领域合作虽然取得了一系列成果，但存在着合作形式单一，会议、论坛过多，协议落地情况不佳等现象。下一步应围绕具体合作领域，重点强调务实合作，采取更灵活的方式，让合作下沉到企业、社会组织，不要把所有的合作、项目都放在中国—中东欧国家合作机制下，防止被西方误认为是战略工具。要推动地方合作，根据中国各地不同的资源禀赋、发展条件，结合中国国内区域经济一体化发展与中东欧开展各具特色的地方合作，搭建与中东欧国家地方政府的合作关系，利用已有平台，以项目为抓手，避免重协议、轻落实。

主要参考文献

《习近平谈治国理政》第 1 卷，外文出版社 2018 年版。

黄平、刘作奎：《中国—中东欧国家（16＋1）合作五年成就报告：2012—2017 年》，社会科学文献出版社 2018 年版。

姜建清编：《中东欧经济研究报告 2017 年——发展概况、愿景及风险》，中国金融出版社 2018 年版。

[美] 肯尼思·华尔兹《国际政治理论》，信强译，上海人民出版社 2003 年版。

[美] 彼得·卡赞斯坦主编《国家安全的文化：世界政治中的规范与认同》，宋伟、刘铁娃译，北京大学出版社 2009 年版。

巴殿君、梁秋实：《论东亚多元区域主义困境与出路》，《东北亚论坛》2021 年第 3 期。

陈庆鸿：《当前亚太小多边合作及其影响》，《现代国际关系》2021 年第 3 期。

高程：《区域合作模式形成的历史根源和政治逻辑——以欧洲和美洲为分析样本》，《世界经济与政治》2010 年第 10 期。

姜珂：《17＋1 合作框架下中捷经贸合作：机遇与挑战》，《海外投资与出口信贷》2020 年第 2 期。

孔泉：《相互尊重、多边主义、开放合作：关于未来中欧、中法关系的思考》，《当代中国与世界》2021 年第 1 期。

刘作奎：《"一带一路"倡议背景下的"16＋1 合作"》，《当代世界与社会主义》2016 年第 3 期。

裴长洪：《中国服务贸易高质量发展战略思考》，《中国外资》2019年第12期。

秦亚青：《世界秩序的变革：从霸权到包容性多边主义》，《亚太安全与海洋研究》2021年第2期。

吴孟克：《如何应对"16+1合作"面临的挑战——专访中国社科院欧洲研究所中东欧研究室主任刘作奎研究员》，《世界知识》2018年第15期。

徐刚：《西巴尔干2021：步履维艰的一年》，《世界知识》2022年第2期。

徐刚：《中国与中东欧国家地方合作：历程、现状与政策建议》，《欧亚经济》2019年第3期。

杨洁勉：《中国应对全球治理和多边主义挑战的实践和理论意义》，《世界经济与政治》2020年第3期。

臧术美：《"一带一路"背景下中国与中东欧地方合作——一种多层级合作机制探析》，《社会科学》2020年第1期。

郑国富《中国与中东欧16国农产品贸易合作的互补性与竞争性分析——基于"16+1"合作机制》，《经济论坛》2019年第6期。

中国现代国际关系研究院课题组：《中国特色大国外交继往开来》，《现代国际关系》2020年第1期。

周玉渊：《开放包容的中非合作与中非关系的前景——以中非合作论坛为主线》，《外交评论》（外交学院学报）2021年第3期。

朱晓中：《1990年以来中国—中东欧国家关系的新发展》，《中国国际战略评论2015》，2016年11月15日。

［俄］库兹涅佐夫：《世界和地区大国对外政策中的跨区域主义：俄罗斯的视角》，马天骄译，《俄罗斯学刊》2020年第10期。

《2019上半年中国游客赴欧洲旅游大数据报告》，https：//www.sohu.com/a/335039869_124717。

孔田平，法学博士，中国社会科学院欧洲研究所研究员、中国社会科学院大学国际政治经济学院教授。曾在哥伦比亚大学中东欧研究所、华沙经济学院金融与管理学院、波兰社会与经济研究中心做访问学者。研究领域涉及中东欧转型与欧洲化、转轨经济比较。著有《东欧经济改革之路——经济转轨与制度变迁》《冷战后俄罗斯的中东欧政策及其影响》。曾为《苏东剧变之后：对119个问题的思考》共同主编，《维谢格拉德集团的嬗变与中国V4关系》主编。

马骏驰，法学博士，中国社会科学院欧洲研究所助理研究员。主要研究领域为转轨学和中东欧区域国别研究，先后主持国家社会科学基金青年项目、中国社会科学院青年启动项目等课题，曾在斯洛文尼亚卢布尔雅那大学经济学院做访问学者，从事转轨经济研究。曾出版学术专著《新制度经济学与转轨——匈牙利"非自由的民主"新解》。

鞠维伟，历史学博士，中国社会科学院欧洲研究所副研究员、中东欧研究室副主任。主要从事欧洲国际关系、中东欧区域问题、中国与中东欧国家关系研究，曾主持国家社科基金项目。著有《从敌人到盟友——英国对德政策研究（1943—1955）》，参与撰写了《中国与捷克的战略伙伴关系：现状、前景、问题及对策》《中国—中东欧国家（16+1）合作五年成就报告：2012—2017年》等研究报告。